Einfach trifft lecker

EINFACH *trifft* LECKER

Gesund & schnell kochen | 65 Rezepte

JASMIN VON

@15MINUTENREZEPTE

CHRISTIAN

VORWORT

Hi und hallo,
schön, dass du da bist. Vielleicht kennst du mich schon über Instagram? Ich teile dort meine Ideen, Videos, Tipps und Tricks rund um die Themen Kochen und Küche. Wie ich zum Kochen gekommen bin? Vermutlich genau wie du: Ich hatte Hunger!

Gerade unter der Woche, nach einem stressigen Arbeitstag, habe ich selten Lust, lange in der Küche herumzustehen, und wünsche mir schnelle, abwechslungsreiche Gerichte für jeden Tag, mit möglichst vielen frischen Zutaten. Und ich dachte mir: Was uns schmeckt, sollte auch deinen Geschmack treffen. Und dabei sind die ausgewählten Gerichte noch dazu einfach und schnell in der Zubereitung!

Lass dich also auf den kommenden Seiten inspirieren! Ich wünsche dir ganz viel Spaß dabei.

Deine Jasmin

INHALT

BEVOR ES LOSGEHT …

MEINE KÜCHENPHILOSOPHIE

Es gibt viele Kochregeln, aber an die halte ich mich meist nicht. Du brauchst ein Beispiel? »Pasta als One-Pot-Gericht – geht nicht!« – Geht doch, und es ist großartig.

Ich liebe traditionell zubereitete Gerichte, und dafür nehme ich mir gern am Wochenende die Zeit und stelle mich drei Stunden in die Küche. Und dann genießen wir das Essen im Kreis von Freunden und der Familie. Das ist wunderbar. Aber im Alltag brauche ich so wenige Regeln wie möglich und auch keine dogmatischen Zubereitungsweisen. Ja, ich liebe Speisen aus anderen Kulturen, habe aber kein Interesse, stundenlang nach den richtigen Zutaten zu suchen und viel Geld dafür hinzublättern. Ich wandle die Rezepte einfach ab und verwende das, was ich ohnehin zu Hause habe. Punkt.

Häufig höre ich von Freunden, Familie und Followern, dass meine Gerichte so schön einfach sind und trotzdem das gewisse Etwas haben, optisch, aber auch geschmacklich. Ich glaube, die Wirkung von Toppings wird generell unterschätzt, Zutaten, die man ganz zum Schluss auf das Essen gibt und die es optisch und geschmacklich aufwerten, sind oft das sprichwörtliche Tüpfelchen auf dem i. Salate leben von abwechslungsreichen Toppings, und es ist erstaunlich, was ein wenig Rotkohl in sehr feinen Streifen, viele frische Kräuter und einige geröstete Nüsse ausmachen können – einfach lecker!

DER EINKAUF

Alle Rezepte habe ich bewusst so konzipiert, dass du sämtliche Zutaten entweder schon zu Hause hast, weil es Basics sind, oder du sie in jedem gewöhnlichen Supermarkt oder im nächsten Drogeriemarkt kaufen kannst. Meine Rezepte sind für all jene gedacht, die einfach lecker essen wollen. Ich gehöre nicht zu denen, die sich einen Speiseplan für die gesamte Woche machen, dafür bin ich zu unorganisiert. Wenn ich einkaufen gehe, dann meist ohne Liste, ich schaue lieber, welches Gemüse gerade im Angebot ist. In der Regel sind saisonale Gemüsesorten günstiger als andere.

Ich versuche, möglichst regional und saisonal einzukaufen.
Das bedeutet nicht, dass ich nicht auch mal im November eine Tomate kaufe, aber das ist eher die Ausnahme.
Was ich gar nicht mag, ist, Lebensmittel wegzuschmeißen, deswegen mache ich den Kühlschrank immer erst leer, bevor ich meine Vorräte aufstocke. Und das Tolle dabei? So entstehen durch Zufall wieder ganz neue Zusammenstellungen, und zack – ein neues Gericht ist kreiert!

TIPPS FÜRS KOCHEN

Die folgenden kleinen Küchenkniffe solltest du vor allem dann beherzigen, wenn unter der Woche wirklich jede Minute zählt:

1. Schneide Gemüse möglichst klein, das verkürzt die Garzeit. Das gilt insbesondere für Kartoffeln: Je dünner sie geschnitten werden, desto schneller liegen sie fertig gegart auf dem Teller.

2. Wähle Nudelsorten mit kurzer Garzeit. (Achtung, das hat nichts mit der Größe der Pasta zu tun. Schau auf die Verpackung!) Dinkelnudeln garen in der Regel schneller.

3. Während ein Ofengericht langsam vor sich hinschmort, nutze die Zeit zum Aufräumen. Dann hast du das Warten nützlich überbrückt und kannst nach dem Essen schneller in den wohlverdienten Feierabend starten.

4. Kochwasser für Pasta oder Gemüse kannst du im Wasserkocher vorkochen, oder du nutzt die Boostfunktion am Herd, falls vorhanden – dann ist es ratzfatz heiß.

5. Da Reis eine etwas längere Garzeit hat, bereite am besten gleich die doppelte Menge zu, dann gibt es am nächsten Tag einen leckeren Bratreis.

6. Leg dir einen größeren Vorrat an Basiszutaten an. Dann brauchst du zwischendrin nur frische Lebensmittel zu besorgen.

DIE RICHTIGE VORRATSHALTUNG

Vorratshaltung, das hört sich vielleicht etwas altmodisch an, aber ich empfinde es als große Erleichterung, immer einen gewissen Grundstock an Lebensmitteln zu Hause zu haben. So muss ich meinen Vorratsschrank nur alle ein bis zwei Monate auffüllen. Und bei meinem Wocheneinkauf kann ich mich ganz auf die frischen Zutaten konzentrieren. Denn ich finde es schrecklich, wenn man nach Hause kommt und erst mal fünf Taschen ausräumen muss …

MEIN BASISVORRAT

Beilagen & Co.
- Reis (Basmati- und Jasminreis)
- Pasta (verschiedene Sorten wie Spaghetti, Linguine, Rigatoni, Spirelli etc.)
- Couscous, Quinoa oder Bulgur
- Weizenmehl (Type 405 und 550)
- Dinkelmehl (Type 630)
- Maisstärke

Würze
- Salz
- Pfeffer
- verschiedene getrocknete Kräuter und Gewürze (z. B. Oregano, Thymian, Currypulver, Paprikapulver etc.)
- Agavendicksaft
- Nussmus (Erdnussmus ist das günstigste, Cashewmus etwas teurer, aber neutraler im Geschmack)
- Senf (mittelscharf und süß)
- Tomatenmark

Konserven
- Maiskörner
- Kichererbsen
- verschiedene Bohnen
- Tomatenkonserven (passiert und stückig)
- Kokosmilch

TK-Ware
- Erbsen (TK)
- Blattspinat (TK)
- Kräuter (TK)

DIE WAHL GESUNDER LEBENSMITTEL

Je mehr ich mich mit Lebensmitteln und ihren Herstellungsprozessen auseinandersetze, umso heftiger schwirrt mir der Kopf. Die Auswahl in den Supermärkten ist riesig, und gleichzeitig gilt so vieles als »verboten«. Was ich meine? Glutenfrei, zuckerfrei, fettarm, Bioqualität, Convenience, plastikfrei, vegan, vegetarisch, hochverarbeitet – sämtliche Produkte gibt es in den unterschiedlichsten Varianten. Hilfe! Wie soll man da den Überblick behalten?

Ganz ehrlich, ich kann dir leider auch nicht sagen, was wann, wo, wie, aus welcher wissenschaftlichen und gesundheitlichen Perspektive richtig ist oder nicht. Dazu erscheint jede Menge Fachliteratur, es gibt Menschen, die sich lange und eingehend damit auseinandergesetzt haben. Ich gebe dir hier nur meine ganz persönlichen Faustregeln für den Einkauf mit, die niemals dogmatisch eingehalten werden müssen:

- möglichst saisonal
- möglichst regional
- möglichst frisch und unverarbeitet
- mit möglichst kurzer Zutatenliste
- möglichst pflanzlich
- so wenig tierische Produkte wie möglich (bzw. ausschließlich bewusster und begrenzter Konsum von tierischen Produkten)
- mit Interesse an neuen Produkten bzw. Alternativen, auch wenn die Zutatenliste länger ist
- mit Spaß am Experimentieren

Gerade im Alltag nutze ich zum Beispiel gern fertige Gnocchi aus dem Kühlregal – ich kann sie zwar auch selber machen (Rezept siehe Seite 116), die Zubereitung ist denkbar einfach, aber trotzdem muss ich abwägen, ob ich die Zeit dafür aufwenden kann oder möchte – neben Job, Haushalt und Kindern – oder ob ich mir die Arbeit mit Fertigprodukten erleichtere. Ich denke, du kannst selbst am besten beurteilen, wie du das für dich handhaben willst. So ein frischer selbst gemachter Pizzateig ist schon was Feines … aber ein Convenience-Produkt geht zur Not eben auch. Und genau das ist meine Philosophie – lass dich nicht von irgendwelchen Dogmen bestimmen oder dir ein schlechtes Gewissen einreden, sondern halte dich an das Motto: abwägen und dann genießen!

Habe dabei viel Spaß und lass dich auf den kommenden Seiten von meinen Rezepten inspirieren.

KLEINE GERICHTE AUS DEM OFEN

KLEINE GERICHTE AUS DEM OFEN

Smashed Potatoes

Vegetarisch | S. 20

Patatas Brava

Vegan | S. 22

Pizzaschnecken

Vegetarisch | S. 24

Zucchini-Kissen

Vegetarisch | S. 26

Auberginen Caprese

Vegetarisch | S. 28

Süßkartoffel-Schiffchen

Vegetarisch | S. 30

Zucchini-Buletten

Vegetarisch | S. 32

Hallumi-Nuggets

Vegetarisch | S. 36

Pizzastangen

Vegetarisch | S. 38

Foccacia

Vegan | S. 40

Crunchy Chicken Fingers

Mit Fleisch | S. 44

Pita-Flammkuchen

Mit Fleisch | S. 46

Schnelle Ofen-Antipasti

Vegan | S. 48

Gitterkartoffeln

Vegan | S. 50

* **Die gekennzeichneten Gerichte gibt es auch in einer veganen Variante.**

2 PORTIONEN | 50 MINUTEN | VEGETARISCH

Diese Leckerbissen, auch Quetschkartoffeln genannt, werden dank der ungleichförmigen Struktur stellenweise ganz besonders knusprig. Dazu passt ein frischer Joghurt-Knoblauch-Dip.

SMASHED POTATOES

650 g Kartoffeln mit Schale, frisch gekocht oder vom Vortag

Für die Marinade

- 4–5 EL Olivenöl (plus etwas mehr für den Dip)
- 1 TL Salz
- 1 TL Paprikapulver

Für den Joghurtdip

- 200 g Naturjoghurt
- 1 Knoblauchzehe, gepresst
- je 1 Prise Salz und frisch gemahlener schwarzer Pfeffer

Für das Topping (nach dem Backen)

- 1 rote Zwiebel, feine Ringe
- 1 Handvoll Rotkohl, feine Streifen (optional)
- je 1 EL weiße und schwarze Sesamsamen (optional)
- 2 EL fein geschnittene glatte Petersilie

1 Die Kartoffeln mit etwas Abstand auf ein mit Backpapier belegtes Blech geben und mit einem Stampfer oder der Unterseite eines Glases zerdrücken.

2 Das Olivenöl mit dem Salz und dem Paprikapulver verrühren und die Kartoffeln großzügig mit der Marinade einstreichen.

3 Im vorgeheizten Backofen bei 210 °C (Ober-/Unterhitze) auf mittlerer Schiene 20–40 Minuten backen (je länger, desto knuspriger werden sie).

4 Alle Zutaten für den Dip vermengen, mit etwas Olivenöl abschmecken und zu den mit den Toppings belegten Kartoffeln reichen.

4 PORTIONEN | 20 MINUTEN | VEGAN

Die würzigen Patatas bravas dürfen bei einem geselligen Tapas-Abend niemals fehlen. Ich liebe die Stimmung beim gemütlichen Beisammensitzen mit leckeren Snacks und angeregten Gesprächen.

PATATAS BRAVAS

800 g Kartoffeln, geschält und in kleine Würfel geschnitten

Für die Marinade

- 3 EL Öl
- 1 TL Salz
- 2 TL Paprikapulver
- 2 Knoblauchzehen, gepresst

Für das Topping (nach dem Backen)

- 1 Prise grobes Meersalz
- 1–2 EL klein geschnittene glatte Petersilie

1 Die Kartoffelwürfel in etwas Wasser zum Kochen bringen und 2 Minuten darin ziehen lassen, dann abgießen.

2 Alle Zutaten für die Marinade verrühren und zu den halb garen Kartoffeln geben. Gut vermengen.

3 Die marinierten Kartoffelwürfel auf einem Backblech verteilen.

4 Im vorgeheizten Backofen bei 220 °C (Ober-/Unterhitze) auf mittlerer Schiene 20 Minuten backen. Nach 10 Minuten einmal wenden.

Dazu passt ein frischer Joghurtdip oder klassisches Aioli perfekt.

10 STÜCK 20–25 MINUTEN VEGETARISCH

Ich persönlich liebe Oliven, aber natürlich kannst du sie durch einen Belag deiner Wahl ersetzen oder ergänzen.

PIZZASCHNECKEN

- 2 runde Pizzateige (ø ca. 30 cm, Kühlregal)
- 100 ml passierte Tomaten
- 1 Prise Salz
- 3 TL getrocknete italienische Kräuter (z.B. Oregano, Basilikum, Thymian)
- 100 g geriebener Mozzarella
- 5 EL grüne Oliven, feine Ringe

1 Auf dem einen Pizzateig die passierten Tomaten, das Salz und die getrockneten Kräuter verteilen.

2 Dann den Käse und die Olivenringe darüberstreuen.

3 Den zweiten Pizzaboden auf den ersten legen und alles zu 1–2 cm dicken Streifen schneiden.

4 Nun die Streifen vorsichtig aufrollen und auf ein mit Backpapier belegtes Blech legen.

5 Im vorgeheizten Backofen bei 200 °C (Umluft) auf mittlerer Schiene 14–18 Minuten backen.

Nach etwa 10 Minuten kannst du noch mal extra Olivenringe und Käse auf den Schnecken verteilen.

8 STÜCK | 20 MINUTEN | VEGETARISCH

Diese schnell gemachten Leckerbissen sind perfekt zu Salat oder als Mitbringsel zum Grillen. Schmecken jedem – garantiert!

ZUCCHINI-KISSEN

- 1 Packung Blätterteig (Kühlregal; ca. 275 g)
- 8 TL Schmand
- 100 g Zucchini, dünne Scheiben
- 4 Tomaten, Scheiben
- 100 g Fetakäse, zerkrümelt
- je 1 Prise Salz und frisch gemahlener schwarzer Pfeffer
- frische Kräuter (z. B. glatte Petersilie, Basilikum)

1 Den Blätterteig in acht gleich große Rechtecke schneiden.

2 Den Schmand und das Gemüse jeweils in der Mitte der Teigrechtecke verteilen.

3 Den Feta darüberstreuen und alles mit Salz und Pfeffer würzen.

4 Im vorgeheizten Backofen bei 180 °C (Ober-/Unterhitze) auf mittlerer Schiene in 12–15 Minuten goldbraun backen.

5 Danach mit frischen Kräutern bestreut servieren.

2 PORTIONEN 20-25 MINUTEN VEGETARISCH

Ich persönlich liebe Auberginen, aber ich weiß, dass nicht jeder Fan von diesem Gemüse ist. Am allerbesten schmecken sie in reichlich Öl ausgebacken, ich zeige dir hier allerdings eine fettarme und trotzdem unglaublich leckere Alternative.

AUBERGINEN CAPRESE

- 500 g Auberginen, ½ cm dicke Scheiben
- 4 EL Rapsöl

Für den Joghurtdip
- 200 g Naturjoghurt
- 1 Knoblauchzehe, gepresst
- 1 Prise Salz

Außerdem
- 300 g Tomaten, dünne Scheiben
- 1 Prise Chiliflocken
- einige Salatblätter
- einige Scheiben Baguette

1. Die Auberginenscheiben von beiden Seiten mit dem Öl bestreichen.
2. Unter dem Kontaktgrill von beiden Seiten goldbraun werden lassen.
3. Die Zutaten für den Dip gut miteinander verrühren.
4. Nun abwechselnd Tomaten- und Auberginenscheiben auf einen Teller legen. Mit Chiliflocken und Salatblättern garnieren. Dazu den Dip und das Baguette reichen.

Vegane Alternative: Verwende statt Naturjoghurt neutralen pflanzlichen Joghurt.

Wenn du keinen Kontaktgrill hast, gare die Auberginenscheiben bei 220 °C (Ober-/Unterhitze) etwa 15 Minuten im Backofen.

Röste das Baguette von beiden Seiten an und reibe es mit einer Knoblauchzehe ein – das sorgt für den extra Knoblauch-Kick.

2 PORTIONEN 20 MINUTEN VEGETARISCH

Eine schöne Alternative zur Brotstulle. Die leichte Süße der Süßkartoffel passt perfekt zum salzigen Halloumi. Einfach himmlisch!

SÜSSKARTOFFEL-SCHIFFCHEN

- 2 große Süßkartoffeln, ½ cm dicke Scheiben
- 2 EL Olivenöl (plus etwas mehr zum Braten)

Für die Avocadocreme

- 1 reife Avocado, zerdrückt oder klein gewürfelt
- 1 EL Zitronensaft
- 1 Prise Salz
- 50 g Rucola
- 150 g Halloumi, klein gewürfelt

Für das Topping

- 2 EL flüssiger Honig (alternativ Agavendicksaft)
- 1 Prise schwarzer Sesam (optional)
- 1 Prise Chiliflocken (optional)

1. Die Süßkartoffelscheiben von beiden Seiten mit Öl bestreichen.
2. Im vorgeheizten Backofen bei 200 °C (Ober-/Unterhitze) auf mittlerer Schiene in 15–20 Minuten goldbraun backen.
3. Alle Zutaten für die Avocadocreme vermengen.
4. Den Halloumi in einer Pfanne mit etwas Öl von beiden Seiten goldbraun braten (etwa 1–2 Minuten pro Seite).
5. Die Süßkartoffeln, die Creme, den Rucola und den Käse übereinanderschichten, mit Honig beträufeln und mit dem gewünschten Topping bestreut servieren.

8 STÜCK | 20 MINUTEN | VEGETARISCH

Diese einfachen, aber unheimlich saftigen Gemüsebratlinge werden bei uns von Groß und Klein sehr gern gegessen.

ZUCCHINI-BULETTEN

- 200 g Zucchini, feine Streifen
- 100 g Ricotta
- 125 g Magerquark
- 5 EL Paniermehl
- 50 g Parmesan, gerieben
- 1 TL Salz
- 1 Prise frisch gemahlener schwarzer Pfeffer
- 1–2 EL fein gehackter Dill

1 Die Flüssigkeit aus den Zucchini-Streifen drücken.

2 Alle Zutaten gut miteinander vermengen und acht gleich große Laibchen formen.

3 Die Buletten auf ein mit Backpapier belegtes Blech legen und im vorgeheizten Backofen bei 180 °C (Umluft) auf mittlerer Schiene 18–20 Minuten backen.

Lass die Buletten nach dem Backen einen kurzen Moment abkühlen und nimm einen Pfannenwender zu Hilfe, um sie vom Backpapier zu lösen.

2 PORTIONEN   20 MINUTEN   VEGETARISCH

Getoppt mit Honig, frischem Thymian und Chiliflocken, ist dieser knusprige Käsesnack ein absoluter Genuss. Ich liebe die köstliche Kombination aus salzig und süß. Toll als Tapas-Variante oder als Beilage zum Salat.

HALLOUMI-NUGGETS

- 1 Ei (Größe M), verquirlt
- je 1 Prise Salz und frisch gemahlener schwarzer Pfeffer
- 1 TL Paprikapulver
- 200 g Halloumi, klein gewürfelt
- 4 EL Weizenmehl
- 50 g Paniermehl

Für das Topping (nach dem Backen)

- 2 EL flüssiger Honig
- einige Zweige frischer Thymian, Blättchen abgezupft
- Chiliflocken (optional)
- 1 TL geriebener Parmesan (optional)

1 Das Ei mit Salz, Pfeffer und Paprikapulver würzen.

2 Nun die Käsewürfel zunächst im Mehl, dann im Ei und zum Schluss im Paniermehl wenden.

3 Die Käsewürfel auf einem mit Backpapier belegten Blech verteilen.

4 Im vorgeheizten Backofen bei 180 °C (Umluft) auf mittlerer Schiene 15–20 Minuten backen.

5 Kurz vor dem Servieren den noch heißen Käse mit Honig beträufeln und mit Thymianblättchen und nach Belieben mit Chiliflocken und Parmesan bestreuen.

8 STÜCK 20 MINUTEN VEGETARISCH

Dieser Knuspersnack kommt bei Groß und Klein gut an und ist beim Partybüfett immer als Erstes weggeputzt. Es ist nicht schlimm, wenn etwas Käse herausquillt. Verteile ihn kurz vor dem Backen auf den Stangen.

PIZZASTANGEN

Für die Sauce
- 200 ml passierte Tomaten
- 1 EL Olivenöl
- ½ TL Salz
- 1 TL getrockneter Oregano

Für die Stangen
- 100 g geriebener Mozzarella
- 1 Packung rechteckiger Pizzateig (Kühlregal; ca. 400 g)
- 1 Ei (Größe M), verquirlt

Für das Topping
- 1 EL weiße Sesamsamen
- 1 EL Mohnsamen

1. Die Zutaten für die Sauce vermengen und mit dem Käse auf der einen Hälfte des Teiges verteilen.
2. Nun die andere Teighälfte darüberklappen und den Pizzateig in acht gleich große Streifen schneiden.
3. Die Enden eines Streifens nehmen und den Teig ineinander verdrehen.
4. Die Stangen mit dem Ei bestreichen und mit Sesam und Mohn bestreuen.
5. Im vorgeheizten Backofen bei 200 °C (Ober-/Unterhitze) auf mittlerer Schiene 8–10 Minuten backen.

Schneide etwas Gemüse sehr fein und verteile es mit dem Käse auf der Sauce.

8 PORTIONEN 55 MINUTEN VEGAN

Luftig-leichte Foccacia passt einfach immer, ob zum Salat, zur Suppe, als Beilage beim Grillen oder mit verschiedenen Dips beim gemütlichen Tapas-Abend. Und nichts geht über frischen Brotduft im Haus!

FOCCACIA

Für den Teig

- 480 g Weizenmehl (Type 550)
- 7 g Trockenhefe
- 45 ml Olivenöl
- 1 ½ TL Salz
- 1 EL Agavendicksaft (alternativ Zucker oder Honig)

Für das Topping

nach Belieben z. B.

- grobes Meersalz
- getrocknete oder frische Tomaten
- Oliven
- frische oder getrocknete Kräuter
- Schwarzkümmelsamen
- Sesamsamen

1. Alle Zutaten für den Teig mit 260 ml lauwarmem Wasser vermengen und 5–10 Minuten kräftig kneten.
2. Den Teig an einem warmen Ort abgedeckt etwa 30 Minuten gehen lassen.
3. Den aufgegangenen Teig ausrollen und auf ein mit Backpapier belegtes Blech geben.
4. Gewünschtes Topping auf dem Teig verteilen.
5. Im vorgeheizten Backofen bei 220 °C (Ober-/Unterhitze) auf mittlerer Schiene etwa 15 Minuten backen.

TIPP

Auch wenn du keinen Garten hast, ein paar frische Kräuter in Töpfen geben einen tollen Geschmack, sehen gut auf dem fertigen Essen aus und dekorieren deine Küche. Meine Basics: Petersilie, Basilikum, Thymian und Rosmarin.

2 PORTIONEN 20 MINUTEN MIT FLEISCH

Wenn die Rufe der lieben Familie nach knusprigen Nuggets mal wieder laut werden, kommt bei uns eine Ladung Hähnchenstreifen in den Ofen, die mit wenig Fett gebacken werden. Klappt auch super mit Tofu!

CRUNCHY CHICKEN FINGERS

Für die Marinade

- 1 Ei (Größe M), verquirlt
- 1 TL rotes Pesto (oder 2 EL Sojasauce, optional)
- 1 TL Salz
- 1 Prise frisch gemahlener schwarzer Pfeffer
- 1 TL Paprikapulver
- Chiliflocken (optional)

Außerdem

- 350 g Hähnchenbrust, dünne Streifen (am besten Bioqualität)
- 3 EL Weizenmehl
- 20 g Paniermehl (alternativ Pankomehl)
- 50 g ungesüßte Cornflakes, zerkleinert

1. Alle Zutaten für die Marinade gut miteinander verrühren.
2. Das Fleisch erst in etwas Mehl, dann in der Marinade und zu guter Letzt in den mit Paniermehl vermischten Cornflakes-Bröseln wenden, bis das Fleisch rundum bedeckt ist.
3. Die panierten Hähnchenstreifen auf ein mit Backpapier belegtes Blech geben.
4. Im vorgeheizten Backofen bei 180 °C (Umluft) auf mittlerer Schiene in 10–15 Minuten goldgelb backen.

Vegetarische Variante: Toll passt hier Räuchertofu. Mariniere ihn für einen kräftigeren Geschmack vorab in etwas Sojasauce.

Du kannst die Hähnchenstreifen mithilfe einer Sprühflasche mit Öl besprühen oder sie zwischendurch mit einem Pinsel bestreichen.

2 PORTIONEN | 15 MINUTEN | MIT FLEISCH

Eine klasse Rezeptidee für die schnelle Feierabendküche und der perfekte Start in einen entspannten Abend. Dazu passt ein großer grüner Salat.

PITA-FLAMMKUCHEN

- 2 Pitabrote, horizontal halbiert
- 6 EL Schmand
- 50 g Schinkenwürfel
- 1 kleine rote Zwiebel, feine Streifen
- 80 g geriebener Käse (z. B. Mozzarella)
- je 1 Prise Salz und frisch gemahlener schwarzer Pfeffer
- 1–2 EL fein geschnittene glatte Petersilie

1 Die vier Brothälften jeweils mit etwas Schmand bestreichen und mit den Schinkenwürfeln, den Zwiebeln und dem Käse belegen. Mit Salz und Pfeffer würzen.

2 Im vorgeheizten Backofen bei 190 °C (Ober-/Unterhitze) auf mittlerer Schiene 8–10 Minuten backen.

3 Mit frischer Petersilie bestreut servieren.

2 PORTIONEN | 25 MINUTEN | VEGAN

Ich liebe es, viele kleine Gerichte auf dem Tisch zu haben. So kann man nach Herzenslust naschen und Verschiedenes kosten. Dazu nette Gesellschaft und ein frisches Brot, was will man mehr?

SCHNELLE OFEN-ANTIPASTI

Für die Antipasti

- 350 g rote Paprika, feine Streifen
- 200 g Zucchini, dünne Scheiben
- 2 rote Zwiebeln, feine Ringe
- Olivenöl zum Besprenkeln (optional)

Für das Dressing

- 2 EL Olivenöl
- 1 TL weißer Balsamico
- ½ TL Salz
- ½ TL getrocknete italienische Kräuter
- 5 Blätter frisches Basilikum, feine Streifen

1. Das Gemüse auf einem mit Backpapier belegten Blech verteilen (nach Belieben mit etwas Olivenöl besprenkeln).
2. Im vorgeheizten Backofen bei 230 °C (Ober-/Unterhitze) auf mittlerer Schiene 20 Minuten garen.
3. Die Zutaten für das Dressing gut miteinander vermengen.
4. Das warme Gemüse auf einem Teller mit hohem Rand anrichten und das Dressing darübergießen.
5. Vor dem Servieren leicht abkühlen lassen und bei Bedarf nachwürzen.

Die Zubereitung klappt auch prima mit dem Kontaktgrill.

2 PORTIONEN 50 MINUTEN VEGAN

Kartoffeln werden im Backofen besonders knusprig, wenn man ihnen die Stärke entzieht und eine raue Oberfläche schafft, deswegen habe ich es hier mit einem Gittermuster versucht. Alternativ kannst du ein Wellenmesser verwenden.

GITTERKARTOFFELN

- 800 g vorwiegend festkochende Kartoffeln
- 2 EL Kartoffelmehl (optional)
- 4-6 EL Olivenöl
- 1 TL Salz
- 4 TL rotes Pesto
- einige Blätter frisches Basilikum, feine Streifen

1. Die Kartoffeln in etwa ½ cm dicke Scheiben schneiden und von beiden Seiten gitterförmig anritzen (Vorsicht, nicht durchschneiden!).
2. Die Kartoffelscheiben für 20 Minuten in warmes Wasser legen, dann abgießen und trockentupfen.
3. Nach Belieben das Kartoffelmehl über die Kartoffelscheiben streuen. Das Öl und das Salz darüber verteilen.
4. Auf einem mit Backpapier belegten Blech verteilen und im vorgeheizten Backofen bei 230 °C (Ober-/Unterhitze) auf mittlerer Schiene 30–40 Minuten backen.
5. Mit Pesto und frischem Basilikum servieren.

Öffne nach 20 Minuten kurz die Backofentür und lasse den Wasserdampf entweichen. Die Kartoffelscheiben sind nach etwa 25 Minuten gar, da wir sie aber extra kross haben wollen, bleiben sie länger im Ofen.

KLEINE GERICHTE AUS DER PFANNE

KLEINE GERICHTE AUS DER PFANNE

Zucchini-Pakete

Vegetarisch | S. 56

Tacos Mexican Style

Mit Fleisch | S. 58

Kichererbsenbratlinge

Vegetarisch | S. 60

Pfannenbrot

Vegetarisch | S. 62

Frittata di Pasta

Vegetarisch | S. 66

Nacho-Pfanne

Mit Fleisch | S. 68

Pesto Egg auf Brot

Vegetarisch | S. 70

Gemüse-Tacos mit Halloumi

Vegetarisch | S. 74

Tomaten-Omelett

Vegetarisch | S. 76

Gemüse-Feta-Wraps

Vegetarisch | S. 78

Die gekennzeichneten Gerichte gibt es auch in einer vegetarischen bzw. veganen Variante.

6 STÜCK | 15 MINUTEN | VEGETARISCH

Lecker ist dieser einfache Snack aus nur zwei Zutaten als Beilage zu einem frischen Salat, er eignet sich aber auch klasse als vegetarische Alternative beim Grillen.

ZUCCHINI-PAKETE

- 1 kleine Zucchini
- 1 EL Olivenöl
- frischer Thymian (optional)
- 180 g Fetakäse, in 6 Quadrate geteilt
- 1 Handvoll Kirschtomaten, halbiert (optional)
- 1 Prise frisch gemahlener schwarzer Pfeffer

1. Die Zucchini in möglichst dünne Streifen schneiden, sonst brechen sie beim Aufrollen durch.
2. Mit dem Olivenöl bestreichen und mit Pfeffer und Thymian würzen.
3. Nun die Zucchini-Streifen um die Käsewürfel wickeln und mit Zahnstochern fixieren.
4. Die Pakete in einer beschichteten Pfanne auf mittlerer Stufe anbraten, bis die Zucchini Farbe angenommen hat.
5. Zum Wenden den Zahnstocher einmal kurz entfernen und erneut fixieren.
6. Die Kirschtomaten kurz mitbraten.
7. Mit weiterem frischem Thymian und mit den gebratenen Kirschtomaten servieren.

Verwende einen Hobel oder einen Sparschäler, um die Zucchini-Streifen möglichst dünn zu schneiden.

2 PORTIONEN | 20 MINUTEN | MIT FLEISCH

Jedes Mal, wenn es bei uns diese klassischen Tacos zum Abendessen gibt, ist es ganz still am Tisch, und alle sind genüsslich am Schmatzen. Teste es aus und genieße die Ruhe ...

TACOS MEXICAN STYLE

- 1 kleine Zwiebel, fein gewürfelt
- 1 EL Rapsöl (plus etwas mehr zum Anbraten)
- 200 g Rinderhackfleisch (am besten Bioqualität)
- 100 g Paprika, klein gewürfelt
- 120 g Mais aus der Dose (Abtropfgewicht)
- 1 TL Salz
- ½ TL gemahlener Pfeffer
- ½ TL Paprikapulver
- Chiliflocken (optional)
- 100 ml passierte Tomaten
- 2 große oder 4 kleine Weizentortillas
- 80 g geriebener Mozzarella

Für das Topping (nach dem Garen, je nach Geschmack)

- frischer Salat, feine Streifen
- rote Zwiebeln, feine Ringe
- Frühlingszwiebeln, feine Ringe
- einige Blätter frische Minze, fein gehackt
- Sauerrahm
- 1 Prise grobes Meersalz
- 1 Zitrone

1 Die Zwiebel im Öl scharf anbraten. Dann das Hackfleisch hinzufügen.

2 Nach 2 Minuten die Paprika und den Mais hinzufügen und alles kräftig mit Salz, Pfeffer, Paprikapulver und je nach gewünschtem Schärfegrad mit Chiliflocken würzen.

3 Mit den passierten Tomaten ablöschen und 5 Minuten köcheln lassen.

4 Nun eine weitere Pfanne dünn mit Öl bestreichen. Eine Tortilla hineinlegen und die eine Hälfte mit der Füllung und etwas Käse belegen.

5 Nun die andere Hälfte über die Füllung klappen und den Taco bei mittlerer Temperatur goldbraun anbraten (etwa 4 Minuten pro Seite).

6 Nach Belieben mit Toppings belegen und noch heiß genießen.

Vegetarische Variante: Du kannst das Hackfleisch 1:1 durch vegetarisches Hack ersetzen.

8 STÜCK 20 MINUTEN VEGETARISCH

Aus wenigen Zutaten gemacht, passt dieser proteinreiche Snack toll zu einem gemischten Salat. Und pflanzliche Proteine sind so gesund!

KICHERERBSEN-BRATLINGE

Für die Bratlinge

- 240 g Kichererbsen aus der Dose (Abtropfgewicht)
- 2 EL helles Weizenmehl
- ½ TL Salz
- 1 TL Paprikapulver
- 2 EL TK-Petersilie
- 2 EL Olivenöl zum Braten

Für den Dip

- 2 EL Schmand
- 1 Prise Salz
- 1 Prise Chiliflocken

Für das Topping

- frische Kräuter (z. B. glatte Petersilie, Minze), fein geschnitten
- 1 Zitrone, geviertelt

1. Die Kichererbsen mit einem Stampfer zerdrücken.
2. Die übrigen Zutaten für die Bratlinge hinzufügen und alles gut vermengen.
3. Acht kleine Kugeln aus der Kichererbsenmasse formen und etwas flach drücken.
4. Im Öl von beiden Seiten goldbraun anbraten.
5. Die Zutaten für den Dip vermengen und mit den Toppings zu den Bratlingen reichen.

Vegane Alternative: Ersetze den Schmand durch eine pflanzliche Alternative (pflanzlicher Schmand oder Joghurt).

8 STÜCK | 40 MINUTEN | VEGETARISCH

Dieses Brot ist so einfach gemacht, und das auch ohne Küchenmaschine. Man muss den Teig nur schön lange kneten. Und ein bisschen ruhen lassen. So, so lecker. Hier mit Knoblauchöl und Kräutern verfeinert.

PFANNENBROT

Für den Teig

- 325 g Weizenmehl (Type 550)
- 6 g Trockenhefe
- 1 TL Salz
- 1 EL Dattelsirup (alternativ Zucker oder flüssiger Honig)
- 60 g Naturjoghurt (10 % Fettgehalt)
- 1 ½ EL Olivenöl (plus 3 EL für das Topping)

Für das Topping

- 2 Knoblauchzehen, gepresst
- frische Kräuter nach Belieben (z. B. Koriander, Minze, Petersilie)

1 Alle Zutaten für den Teig mit 110 ml lauwarmem Wasser etwa 10 Minuten verkneten. Den Teig anschließend 30 Minuten gehen lassen.

2 Acht kleine Kugeln aus dem aufgegangenen Teig formen und diese zu runden Fladen ausrollen (nicht zu dünn, sonst werden sie recht hart).

3 In einer beschichteten Pfanne ohne Öl das Brot von beiden Seiten kurz ausbacken.

4 Die fertigen Fladen mit dem restlichen Öl bestreichen und mit dem Knoblauch und den frischen Kräutern belegt servieren.

Bedecke die Brote nach dem Backen mit einem Küchentuch, dann bleiben sie schön weich.

TIPP

Vorratshaltung klingt etwas altbacken, erleichtert einem aber den Alltag, wenn man immer die nötige Grundausstattung im Haus hat. Und in schönen Vorratsgläsern können sie ein echter Blickfang in der Küche sein.

4-6 PORTIONEN | 25 MINUTEN | VEGETARISCH

Dieses Gericht ist die perfekte Resteverwertung, aber natürlich kannst du auch frische Nudeln kochen. Bei uns gibt es diesen Auflauf häufig am Abend – wenn keiner Lust auf eine Brotzeit hat.

FRITTATA DI PASTA

- 1 große Zwiebel, gehackt
- 4 EL Olivenöl
- 250 g Zucchini, feine Streifen
- 6 Eier (Größe M, am besten Bioqualität)
- 2 TL Salz
- 1 TL Paprikapulver
- frisch gemahlener schwarzer Pfeffer nach Geschmack
- 100 g geriebener Käse (z. B. Mozzarella und Cheddar gemischt)
- 500 g gekochte Pasta (frisch oder vom Vortag)
- einige Blätter frisches Basilikum

1. Die Zwiebel in 3 EL Öl glasig anschwitzen.
2. Die Zucchini-Streifen hinzufügen und mitbraten.
3. In der Zwischenzeit die Eier und die Gewürze gut miteinander verrühren und den Käse hinzufügen.
4. Die gekochten Nudeln und die Eimasse zum Gemüse geben und alles gut vermengen.
5. Bei mittlerer Temperatur (4/9) bei geschlossenem Deckel anbraten (etwa 18 Minuten).
6. Die Frittata mithilfe eines Tellers wenden und dabei das restliche Öl in die Pfanne geben. Die untere Seite weitere 3-5 Minuten anbraten, mit frischem Basilikum bestreut servieren.

2 PORTIONEN 20 MINUTEN MIT FLEISCH

Die knackigen Tortilla-Chips passen natürlich wunderbar zur mexikanischen Füllung, wenn du aber eine leckere und leichte Alternative bevorzugst, dann verwende Salatherzen. Wir essen dieses Gericht immer so, dass wir die Pfanne in die Tischmitte stellen und sich jede mit einem kleinen Löffel etwas von dem Hackfleisch auf den Nacho oder das Salatblatt gibt.

NACHO-PFANNE

- 200 g Rinderhackfleisch (am besten Bioqualität)
- 2 EL Olivenöl
- 1 Zwiebel, klein gewürfelt
- 1 EL Tomatenmark
- ½ Chilischote, feine Ringe
- ½ TL Salz
- 1 TL Paprikapulver
- 80 g Spitzpaprika, feine Streifen
- 115 g Mais aus der Dose (Abtropfgewicht)

Für das Topping

- 1 reife Avocado, Scheiben
- 1 EL gehackte Petersilie
- Tortilla-Chips
- 1-2 Salatherzen, zerteilt
- 1 Limette, geviertelt (zum Abschmecken)

1 Das Hackfleisch im Öl scharf anbraten und die Zwiebel hinzufügen.

2 Nach 2 Minuten das Tomatenmark, die Chiliringe, das Salz und das Paprikapulver hinzugeben und weiter anbraten.

3 Nun 100 ml Wasser und die Spitzpaprika hinzufügen und bei mittlerer Temperatur etwa 7 Minuten köcheln lassen.

4 Zum Schluss den Mais hinzufügen und kurz warm werden lassen.

5 Zum Servieren die gewünschten Toppings rund um und auf der Hackfleisch-Gemüse-Mischung drapieren.

Vegetarisch wird das Gericht mit Veggie-Hackfleisch, kindgerecht, wenn du die Chilischote weglässt und nur auf einzelne Portionen Chiliflocken oder eine scharfe Sauce gibst.

2 PORTIONEN 15 MINUTEN VEGETARISCH

Eine belegte Stulle kann jeder, aber dieses warme, geröstete Schwarzbrot mit Spiegelei katapultiert den Klassiker auf ein ganz neues Level.

PESTO-EGG AUF BROT

- 2 TL grünes Pesto
- 2 Eier (Größe M, am besten Bioqualität)
- 2 Scheiben Dinkelbrot, geröstet
- 2 EL Frischkäse
- 6 Salatblätter
- 1 TL schwarze oder weiße Sesamsamen
- je 1 Prise Salz und frisch gemahlener schwarzer Pfeffer
- einige Stängel Petersilie, fein geschnitten

1 Das Pesto in eine warme Pfanne geben (sie darf nicht allzu heiß sein, sonst verbrennt das Pesto).

2 Die Eier in die Pfanne schlagen und bei mittlerer Temperatur anbraten. (Ich lege meist noch einen Deckel auf die Pfanne, da ich das Ei nicht so weich mag.)

3 Das Brot mit Frischkäse bestreichen, Salat und Ei daraufgeben.

4 Mit Salz und Pfeffer würzen und lauwarm und mit frischer Petersilie bestreut genießen.

2 PORTIONEN 20 MINUTEN VEGETARISCH

Ich liebe die Kombination aus fruchtig-süß und scharf, dazu viel frisches Gemüse … extrem lecker. Und das Tollste an Tacos ist: Jeder kann sie nach eigenem Gusto füllen.

GEMÜSE-TACOS MIT HALLOUMI

- 150 g Halloumi, klein gewürfelt
- 1–2 EL Olivenöl

Für die Sauce
- 60 g Aprikosenkonfitüre
- ½ Chilischote, feine Ringe
- 1 TL Salz
- 2 große oder 4 kleine Weizentortillas
- 50 g Rotkohl, fein gehobelt
- ½ Avocado, Scheiben
- 80 g gelbe Paprika, feine Streifen
- 3 Frühlingszwiebeln, feine Streifen
- einige Salatblätter (z. B. Rucola, Eichblatt)
- einige Stängel frischer Koriander (optional)
- 1 EL schwarze Sesamkörner (optional)
- 1 Prise Chiliflocken (optional)
- 1 Limette, geviertelt (zum Abschmecken)

1. Den Halloumi im Öl goldbraun anbraten.
2. Alle Zutaten für die Sauce mit 20 ml Wasser vermengen.
3. Nun die Tortillas kurz in einer Pfanne ohne Öl anwärmen und nach Belieben mit allen weiteren Zutaten belegen.
4. Die Sauce darüberträufeln und den warmen Halloumi auf dem Gemüse verteilen. Mit der Limette zum Abschmecken servieren.

Wenn Koriander nicht so dein Geschmack ist, verwende frische Minze oder glatte Petersilie.

2 PORTIONEN 10 MINUTEN VEGETARISCH

Warum ist eigentlich das Einfachste oft so lecker?
Bei diesem Rezept kommen wir mit zwei Zutaten aus. Durch das Anbraten karamellisiert die Haut der Tomate leicht … köstlich.

TOMATEN-OMELETT

Für das Omelett

- 2 Tomaten, Scheiben
- 2 EL Olivenöl zum Braten
- 4 Eier (Größe M), verquirlt
- 1 Prise Salz

Für das Topping

- einige Blätter frisches Basilikum
- 1 Prise grobes Meersalz

1. Die Tomatenscheiben im Olivenöl von beiden Seiten je etwa 1 Minute anbraten. (Achtung, spritzt etwas!)
2. Die Eimasse mit dem Salz würzen und zu den Tomaten geben.
3. Die Temperatur reduzieren (Stufe 4/9) und das Ei bei aufgesetztem Deckel stocken lassen (etwa 4 Minuten).
4. Das Ei mithilfe eines Tellers wenden und von der anderen Seite ebenfalls anbraten (optional).
5. Mit frischem Basilikum und grobem Meersalz bestreut servieren.

Schneide die Tomatenscheiben nicht zu dünn, sonst lassen sie sich schlecht wenden.

6 STÜCK | 20 MINUTEN | VEGETARISCH

Superlecker dazu schmeckt ein einfacher Tomatensalat mit roten Zwiebeln.

GEMÜSE-FETA-WRAPS

- 200 g Zucchini, fein geschnitten
- 1 Knoblauchzehe, gepresst
- 250 g Kidneybohnen aus der Dose (Abtropfgewicht)
- 2 EL Olivenöl zum Braten (plus etwas mehr zum Anbraten der Wraps)
- 1 TL Salz
- 1 Prise frisch gemahlener schwarzer Pfeffer
- 1 TL Paprikapulver
- 100 g Fetakäse, gewürfelt
- 6 kleine Weizentortillas
- einige Blätter frische Petersilie, fein gehackt

1 Die Zucchini, den Knoblauch und die Kidneybohnen im Olivenöl anbraten und alles mit Salz, Pfeffer und Paprikapulver würzen.

2 Die Pfanne vom Herd nehmen. Die Gemüsemischung etwas platt drücken und die Fetawürfel hinzugeben.

3 Die Tortillas mit der Füllung belegen, in der Mitte zusammenklappen und von beiden Seiten anbraten. Mit frischer Petersilie bestreut servieren.

HAUPT-
GERICHTE
AUS DEM
OFEN

HAUPTGERICHTE AUS DEM OFEN

Ratatouille-Ofenpasta

Vegan | S. 84

Würziger Ofenreis

Vegan | S. 86

Gefüllte Tomaten

Vegetarisch | S. 88

Spinat-Feta-Köfte

Mit Fleisch | S. 90

Tomatentarte

Vegetarisch | S. 94

Blitz-Spinatkuchen

Vegetarisch | S. 96

Mac 'n' Cheese

Vegetarisch | S. 98

Einfache Ofenpasta

Vegetarisch | S. 100

Ofengemüse mit Feta

Vegetarisch | S. 104

Tortellini-Auflauf

Vegetarisch | S. 106

Gnocchi vom Blech

Vegetarisch | S. 108

6 PORTIONEN 30 MINUTEN VEGAN

Superlecker und klasse fürs Meal Prep geeignet. Vermenge dann aber das Gemüse und die Pasta erst kurz vor dem Verzehr.

RATATOUILLE-OFENPASTA

- 500 g Nudeln
- 2 EL Olivenöl
- 400 g stückige Tomaten
- 250 ml passierte Tomaten
- 280 g Zucchini, klein gewürfelt
- 380 g Aubergine, klein gewürfelt
- 200 g Spitzpaprika, feine Streifen
- 3 kleine Zwiebeln, gehackt
- 2 Knoblauchzehen, gepresst
- 2 TL Salz
- 1 TL frisch gemahlener schwarzer Pfeffer
- 1 Prise gemahlener Zimt
- ½ TL Zucker
- 1–2 Zweige frischer Thymian

Für das Topping

- einige Blätter frisches Basilikum

1 Die Nudeln in etwas Salzwasser al dente kochen. Vor dem Abgießen etwa 50 ml Kochwasser abschöpfen und beiseitestellen.

2 Alle übrigen Zutaten und Gewürze in eine große Auflaufform geben und gut miteinander vermengen.

3 Im vorgeheizten Backofen bei 190 °C (Umluft) auf mittlerer Schiene 25 Minuten garen.

4 Die fertigen Nudeln unter das Ratatouille-Gemüse mischen, notfalls ein wenig vom Nudelwasser dazugeben, falls das Ganze zu trocken erscheint. Mit frischem Basilikum bestreut servieren.

Je kleiner du das Gemüse schneidest, desto schneller gart es durch.

4 PORTIONEN | 40 MINUTEN | VEGAN

Reis aus dem Ofen?! Noch nie gehört?
Dann musst du dieses geniale Rezept testen, absolut lecker und einfach in der Zubereitung. Perfekt als Beilage oder zusammen mit einem Salat als Hauptgericht.

WÜRZIGER OFENREIS

- 2 EL Olivenöl
- 1 rote Zwiebel, feine Ringe
- 200 g rote Paprika, feine Steifen
- 270 g TK-Erbsen
- 320 g Jasminreis
- 1 TL Ras el-Hanout (alternativ Currypulver)
- ½ TL Paprikapulver
- 750 ml Gemüsebrühe

Für das Topping (nach dem Garen)
- 80 g Pinienkerne, geröstet
- 100 g Mandelkerne, geröstet
- 1 Bund Rucola, mundgerechte Stücke
- 1 Chilischote, feine Ringe

1 Ein Backblech mit dem Öl bestreichen und die Zwiebel, die Paprika, die Erbsen und den Reis auf dem Blech verteilen.

2 Die Gewürze und die Gemüsebrühe gut miteinander verrühren und über den Reis und das Gemüse auf dem Blech gießen (der Reis sollte vollständig mit Flüssigkeit bedeckt sein).

3 Im vorgeheizten Backofen bei 170 °C (Umluft) 35 Minuten auf der untersten Schiene backen.

4 Nach dem Garen alles vorsichtig mit einer Gabel auflockern und die noch warmen, gerösteten Nüsse, den Rucola und die Chiliringe darauf verteilen.

Perfekt passt dazu Naturjoghurt (oder ein neutraler pflanzlicher Joghurt).

2 PORTIONEN | 30 MINUTEN | VEGETARISCH

Bist du bereit für etwas Abwechslung auf deinem Teller?
Die Kombination aus Tomate und Couscous ist unschlagbar!
Und wenn du das Gericht auf diese Weise zubereitest, wird es garantiert zum echten Familien-Highlight.

GEFÜLLTE TOMATEN

- 150 g Couscous
- 2 EL Olivenöl
- ½ TL Salz
- 6 getrocknete Tomaten, feine Streifen
- 1–2 Zweige frischer Thymian, Blättchen abgezupft
- 2 EL gehackte Petersilie (plus etwas mehr zum Servieren)
- 1 Frühlingszwiebel, feine Ringe
- 1 Prise Chiliflocken (optional)
- 6 Tomaten, ausgehöhlt
- 6 TL fein geriebener Parmesan

1 Den Couscous, das Öl, das Salz und die getrockneten Tomaten in einen Topf geben, mit 170 ml kochendem Wasser übergießen, verrühren und bei aufgesetztem Deckel 10 Minuten ziehen lassen.

2 Nun frische Tymianblättchen, die Petersilie und die Frühlingszwiebeln unter den Couscous mengen. Nach Wunsch mit Chiliflocken würzen.

3 Die Füllung in die Tomaten geben und diese in eine Auflaufform legen.

4 In vorgeheiztem Backofen bei 200 °C (Ober-/Unterhitze) auf mittlerer Schiene 20 Minuten backen.

5 Nach 15 Minuten den Parmesan auf den Tomaten verteilen und fertig backen. Mit Petersilie bestreut servieren.

3 PORTIONEN 20 MINUTEN MIT FLEISCH

Würzig und lecker kommen diese Köstlichkeiten aus dem Ofen. Natürlich kannst du sie auch in der Pfanne in reichlich Öl anbraten, aber ich bevorzuge die fettarme Variante.

SPINAT-FETA-KÖFTE

Für die Köfte

- 400 g Rinderhackfleisch (am besten Bioqualität)
- 50 g frischer Spinat, fein geschnitten
- 1 kleine rote Zwiebel, fein geschnitten
- 10 große Blätter Minze, fein geschnitten
- 80 g Fetakäse, fein zerkrümelt
- 35 g Paniermehl
- 1 Ei (Größe M)
- 1 EL Sonnenblumenöl
- 1 ½ TL Salz plus 1 Prise für den Dip
- frisch gemahlener schwarzer Pfeffer (optional)

Für den Joghurtdip

- 200 g Naturjoghurt
- 1 Knoblauchzehe, gepresst
- 1 TL Olivenöl
- 1 TL fein gehackte Minze (getrocknet oder frisch)

1 Alle Zutaten für die Köfte gut miteinander vermengen.

2 Kleine Kugeln aus der Hackfleischmasse abnehmen (etwas größer als Walnüsse, etwas kleiner als ein Tischtennisball). Die Köfte leicht länglich formen und auf ein mit Backpapier belegtes Blech legen.

3 Im vorgeheizten Backofen bei 200 °C (Umluft) auf mittlerer Schiene 13 Minuten backen.

4 Alle Zutaten für den Joghurtdip gut miteinander vermengen, mit Salz abschmecken und dazu reichen.

Dazu passen ein Joghurt-Knoblauch-Dip und ein frischer Salat.

TIPP

Hab Spaß beim Kochen. Teste neue Sachen aus oder kombiniere Zutaten neu. Meine Rezepte können dir als Inspiration dienen und du kannst sie dann nach deinem Geschmack variieren.

4 PORTIONEN 45 MINUTEN VEGETARISCH

Gerade, wenn Tomaten bei uns im Sommer Saison haben, ist diese duftende Tarte ein absolutes Muss. Einfach in der Zubereitung und unglaublich lecker. Dazu passt ein frischer grüner Salat.

TOMATENTARTE

Für den Teig

- 220 g Dinkelvollkornmehl
- 100 g kalte Butter, kleine Stücke
- ½ TL Salz
- 1 Ei (Größe M)

Für den Belag

- 2 EL rotes Pesto
- 100 g Fetakäse, zerkrümelt
- einige Zweige frischer Thymian (oder Rosmarin, je nach Geschmack)
- 360 g Tomaten, Scheiben
- 1 EL Pinienkerne, geröstet

1 Alle Zutaten für den Teig gut miteinander vermengen und für 10 Minuten in den Kühlschrank stellen (eingewickelt in Frischhaltefolie oder ein Wachstuch).

2 Den Teig dünn ausrollen (dazu am besten zwischen zwei Stücke Backpapier legen) und in eine runde Form (Durchmesser 26 cm) legen. Darauf achten, dass Teig für den Rand übersteht.

3 Alles dünn mit Pesto bestreichen und die Hälfte des Fetas und einige frische Thymianblättchen darauf verteilen.

4 Die Tomatenscheiben, den Rest vom Feta und noch etwas Thymian über dem Teig verteilen.

5 Den Teig von außen zu einem schmalen Rand umklappen (etwa 2–3 cm). Im vorgeheizten Backofen bei 210 °C (Ober-/Unterhitze) auf der unteren Schiene 30–35 Minuten backen. Kurz vor dem Servieren die Pinienkerne darüberstreuen.

6 PORTIONEN | 40 MINUTEN | VEGETARISCH

Wenn es ganz schnell gehen muss,
verwende gern einen fertigen Pizzateig, das Rezept für einen richtig leckeren Boden bekommst du trotzdem von mir.

BLITZ-SPINATKUCHEN

- 1 Zwiebel, gehackt
- 2 EL Olivenöl
- 550 g TK-Blattspinat, leicht angetaut
- 2 Eier (Größe M), verquirlt
- 125 g Fetakäse
- 5 g Pinienkerne, geröstet
- 1 Prise geriebene Muskatnuss
- 1 ½ TL Salz
- frisch gemahlener schwarzer Pfeffer (optional)
- 1 Packung runder Pizzateig (Kühlregal; alternativ selbst gemachter Mürbteig, siehe Rezept unten)
- etwas Butter (zum Fetten der Form, alternativ Pflanzenöl)

Für den Mürbeteig

- 200 g Weizenmehl (Type 405)
- 100 g kalte Butter, kleine Stücke (am besten mit der Küchenreibe gerieben)
- 1 Ei (Größe M)
- 1 Prise Salz

1. Die Zwiebel im Öl glasig anschwitzen und den Spinat hinzugeben. Einige Minuten anbraten.
2. Die restlichen Zutaten mit dem leicht abgekühlten Spinat vermengen.
3. Die Tarteform (oder Springform; 26 cm Durchmesser) leicht fetten und den Teig darin verteilen.
4. Nun die Spinatmasse darübergeben.
5. Im vorgeheizten Backofen bei 210 °C (Ober-/Unterhitze) auf der untersten Schiene 30 Minuten backen.

EINFACHER MÜRBETEIG

Die Zutaten mit den Händen zu einem glatten Teig verkneten und diesen mindestens 10 Minuten in Frischhaltefolie gewickelt im Kühlschrank ruhen lassen. Dann ausrollen und weiterverarbeiten.

3 PORTIONEN 30 MINUTEN VEGETARISCH

Ein Essen für die ganze Familie mit weniger Kalorien als das US-Original. Der Blumenkohl passt perfekt dazu und liefert die Extraportion Vitamine.

MAC 'N' CHEESE

- 200 g Nudeln
- 350 g Blumenkohl, sehr kleine Röschen
- 1 Zwiebel, fein gewürfelt
- 2 EL Öl
- 2 EL Weizenmehl
- 100 g flüssige Sahne
- 80 g geriebener Käse (z. B. Mozzarella und Cheddar gemischt)
- 1 TL Salz
- 1 Prise frisch gemahlener schwarzer Pfeffer
- 1 TL Paprikapulver
- 1 Prise geriebene Muskatnuss
- 4 EL gehackte Petersilie

1 Die Nudeln und den Blumenkohl in etwas Salzwasser zusammen in einem Topf gar kochen.

2 Die Zwiebel im Öl anschwitzen und das Mehl hinzufügen. 30 Sekunden anbraten und konstant rühren.

3 Die Sahne und 300 ml Wasser langsam dazugießen (weiterrühren!). Mit Salz, Pfeffer, Paprikapulver und Muskat würzen und einmal kurz aufkochen.

4 Den Käse hinzufügen, die Nudeln und den Blumenkohl untermengen und mit der Petersilie bestreut servieren.

Wenn du Lust auf einen Käse-Overload hast: Bedecke alles zusätzlich mit Käse und überbacke das Ganze 10 Minuten im Ofen. Verwende dazu am besten eine ofenfeste Pfanne oder Auflaufform!

3 PORTIONEN 35 MINUTEN VEGETARISCH

Dieses Gericht zauberst du im Handumdrehen
aus nur wenigen Zutaten, die du (fast) garantiert immer zu Hause hast.
Bei uns ein Notfallessen, das alle lieben.

EINFACHE OFENPASTA

- 1 große Zwiebel, gehackt
- 2 EL Olivenöl
- 1 TL Salz
- ½ TL Zucker
- 1 TL getrocknetes Basilikum
- frischer Thymian (optional)
- frischer Rosmarin (optional)
- 400 g stückige Tomaten aus der Dose
- 250 g Nudeln
- 100 g geriebener Mozzarella
- frische Kräuter (optional)

1 Die Zwiebel im Öl glasig anschwitzen.

2 Das Salz, den Zucker und die gewünschten Kräuter hinzufügen und alles mit den Tomaten ablöschen.

3 Die ungekochten Nudeln in eine Auflaufform geben und die Hälfte des Käses darauf verteilen. Nun die Tomatensauce darübergießen.

4 600 ml heißes Wasser hinzufügen (die Nudeln müssen vollständig mit Flüssigkeit bedeckt sein).

5 Im vorgeheizten Backofen bei 180 °C (Umluft) auf der untersten Schiene 30 Minuten backen.

6 Nach 25 Minuten den restlichen Käse über dem Auflauf verteilen und fertig backen. Nach Belieben mit frischen Kräutern bestreut servieren.

2 PORTIONEN 50 MINUTEN VEGETARISCH

Auch wenn die Garzeit bei Ofengerichten meist etwas länger ist, hält sich die Vorbereitungszeit in Grenzen, und man kann sich anderen Sachen widmen und den Feierabend gemütlich einläuten, während das Essen langsam vor sich hingart.

OFENGEMÜSE MIT FETA

Für das Ofengemüse

- 500 g Karotten, feine Stifte
- 600 g Kartoffeln, feine Stifte
- 3 EL Rapsöl
- 2 EL Agavendicksaft (alternativ flüssiger Honig)
- 1 ½ TL Salz
- 1 Zweig frischer Thymian (optional)

Für das Topping (nach dem Garen)

- 50 g Fetakäse, zerkrümelt
- 60 g Rucola, fein geschnitten

1. Die Karotten und die Kartoffeln auf einem Backblech verteilen, mit dem Öl und dem Agavendicksaft beträufeln und mit dem Salz würzen. Nach Belieben Thymianblättchen daruntermischen und alles gut vermengen.

2. Im vorgeheizten Backofen bei 170 °C (Umluft) auf der unteren Schiene 35–40 Minuten backen.

3. Den Feta und den Rucola erst nach dem Garen hinzugeben.

10 Minuten vor Ende der Garzeit kannst du das Backblech auf die oberste Schiene geben, dann wird das Gemüse besonders schön goldbraun.

2 PORTIONEN | 35 MINUTEN | VEGETARISCH

Wenn der Auflauf optisch etwas hermachen soll, dann ordne Tortellini und Zucchini abwechselnd und kreisförmig an. Schmeckt aber auch in einem wilden Mix.

TORTELLINI-AUFLAUF

- 250 g Tortellini mit Käsefüllung (Kühlregal)
- 300 g Zucchini, dünne Scheiben
- 150 ml Gemüsebrühe
- 100 g flüssige Sahne
- 1 Prise frisch gemahlener schwarzer Pfeffer
- 100 g geriebener Käse

1 Abwechselnd Zucchini-Scheiben und Tortellini in eine runde Auflaufform legen.

2 Die Gemüsebrühe und die Sahne verrühren, mit Pfeffer würzen und über die Tortellini gießen.

3 Mit dem Käse bestreuen und im vorgeheizten Backofen bei 170 °C (Ober-/Unterhitze) auf unterer Schiene etwa 30 Minuten backen, bis der Auflauf goldbraun ist.

2 PORTIONEN | 25 MINUTEN | VEGETARISCH

Eins meiner liebsten Rezepte – wenn es wirklich ganz einfach sein und keiner am Tisch meckern soll. Ein Gericht für Groß und Klein – damit man schnell in den Feierabend starten kann.

GNOCCHI VOM BLECH

- je 180 g rote und gelbe Paprika, feine Streifen
- 1 rote Zwiebel, feine Ringe
- 150 g Tomaten, klein gewürfelt
- 350 g Gnocchi (Kühlregal)
- ½ TL Salz
- ½ TL frisch gemahlener schwarzer Pfeffer
- 1 TL Paprikapulver
- 2 EL Olivenöl
- 60 g geriebener Käse
- frische Kräuter (optional; z. B. Basilikum, Thymian, Rosmarin)

1 Die Zutaten gleichmäßig auf einem Backblech verteilen, würzen und mit Olivenöl beträufeln.

2 Den Käse darübergeben und im vorgeheizten Backofen bei 210 °C (Ober-/Unterhitze) 20 Minuten garen.

3 Mit frischen Kräutern bestreut servieren. Dazu passt ein grüner Salat.

HAUPT-GERICHTE AUS DER PFANNE

HAUPTGERICHTE AUS DER PFANNE

Easy-peasy Mie-Nudeln

Vegan | S. 114

Gnocchi mit Spinat

Vegan | S. 116

Fruchtiges Curry

Vegetarisch | S. 118

Schneller Bratreis

Vegetarisch | S. 120

Orzo-One-Pot

Vegan | S. 122

Koreanische Pfannkuchen

Vegetarisch | S. 124

Das gekennzeichnete Gericht mit Fleisch gibt es auch in einer veganen Variante, das markierte vegane Gericht auch mit Fleisch.

Brokkoli-Pasta

Mit Fleisch | S. 128

Blitz-Spinatnudeln

Vegetarisch | S. 130

Asia-Hackbällchen

Mit Fleisch | S. 132

2 PORTIONEN 20 MINUTEN VEGAN

Hier handelt es sich um ein Grundrezept, das du beliebig variieren kannst. Füge einfach noch Gemüse deiner Wahl hinzu, im Grunde kannst du alles verwenden, was dein Kühlschrank so hergibt.

EASY-PEASY MIE-NUDELN

Für die Mie-Nudeln

- 200 g Mie-Nudeln
- 1–2 Knoblauchzehen, fein gehackt
- 1 EL Pflanzenöl
- 3 EL Sojasauce
- 2 EL Ahornsirup
- Chiliflocken oder frische Chiliringe (optional)

Für das Topping

- 2 Frühlingszwiebeln, feine Ringe
- 2 TL weiße Sesamsamen

1. Die Mie-Nudeln nach Packungsanweisung zubereiten.
2. Den Knoblauch im Öl anbraten, die Sojasauce, den Ahornsirup, Chili und 50 ml Wasser hinzufügen und aufkochen lassen.
3. Nun die Nudeln in der Sauce wenden.
4. Mit den Frühlingszwiebeln und dem Sesam bestreut servieren.

2 PORTIONEN 50 MINUTEN VEGAN

Du kannst alternativ natürlich jederzeit frische Gnocchi aus dem Kühlregal verwenden. Ich habe mich zunächst auch nicht an selbst gemachte Gnocchi getraut, aber was soll ich sagen … Es ist supereinfach und so lecker!

SELBST GEMACHTE GNOCCHI MIT SPINAT

- 400 g mehligkochende Kartoffeln
- 100 g Weizenmehl (Type 405, plus etwas mehr zum Bestauben der Arbeitsfläche)
- 30 g Weichweizengrieß
- 1 EL Olivenöl
- 1 Knoblauchzehe, gepresst
- 100 g frischer Spinat, fein geschnitten
- 1 Prise geriebene Muskatnuss
- Salz und Pfeffer
- etwas geriebener Parmesan zum Bestreuen (optional)

Forme die Gnocchi lieber etwas kleiner und drücke sie mit einer Gabel leicht flach.

1. Die Kartoffeln schälen, klein schneiden und in leicht gesalzenem Wasser gar kochen.
2. Die Kartoffeln stampfen, solange sie noch heiß sind (alternativ durch die Kartoffelpresse drücken), dann leicht abkühlen lassen.
3. Nun das Mehl und den Grieß zu den gestampften Kartoffeln geben. Der Kartoffelteig bleibt leicht klebrig, sollte sich aber gut formen lassen.
4. Die Arbeitsfläche mit etwas Mehl bestauben und lange, fingerdicke Rollen formen. Davon kleine Stücke abschneiden.
5. Die Gnocchi in die gewünschte Form bringen, dann in kochendem Wasser ziehen lassen, bis sie an der Oberfläche schwimmen (etwa 1–2 Minuten). Mit einer Schaumkelle herausschöpfen. Parallel dazu das Olivenöl in einer Pfanne heiß werden lassen. Die fertigen Gnocchi hinzufügen und goldbraun braten.
6. Zum Schluss den Knoblauch und den Spinat zufügen und alles für einige Minuten braten. Zu guter Letzt mit Muskat, Salz und Pfeffer abschmecken. Mit Parmesan bestreut servieren.

2-3 PORTIONEN 30 MINUTEN VEGETARISCH

Verwende gerne Gemüse deiner Wahl oder das, was du noch im Kühlschrank hast - die perfekte Resteverwertung. Dazu reichst du Basmatireis.

FRUCHTIGES CURRY

- 120–180 g Basmatireis

Für das Curry
- 300 g Zucchini, Scheiben
- 250 g Karotten, Scheiben
- 300 g Brokkoli, kleine Röschen
- 2 Knoblauchzehen, gepresst
- 2 TL gelbe Currypaste (Fertigprodukt)
- 2 EL Pflanzenöl
- 2 TL Maisstärke
- 2 TL Salz
- 200 ml Kokosmilch
- 100 g flüssige Sahne
- 40 g Aprikosenkonfitüre

Für das Topping (nach dem Garen)
- 1–2 Frühlingszwiebeln, Streifen
- 1 EL schwarze Sesamsamen

1 Den Reis nach Packungsanweisung zubereiten.

2 Parallel dazu das Gemüse, den Knoblauch und die Currypaste in etwas Öl anbraten.

3 Die Stärke und das Salz mit 500 ml Wasser, der Kokosmilch, der Sahne und der Konfitüre vermengen.

4 Das Gemüse damit ablöschen, alles einmal aufkochen und dann etwa 7 Minuten köcheln lassen, bis das Gemüse bissfest gegart ist. Mit den Toppings bestreut zum Reis servieren.

2 PORTIONEN 10 MINUTEN VEGETARISCH

Toll klappt das Rezept mit Reis vom Vortag, dann geht es besonders schnell und ist die perfekte Resteverwertung. Natürlich kannst du den Reis auch frisch zubereiten.

SCHNELLER BRATREIS

Für den Bratreis

- 3 Eier (Größe M), verquirlt
- 1 Prise Salz
- 2 EL Pflanzenöl
- 1 rote Paprika, fein geschnitten
- 1 Zucchini, gewürfelt
- 2 Knoblauchzehen, gepresst
- 3 Frühlingszwiebeln, feine Ringe
- 200 g gekochter Reis (Jasmin- oder Basmatireis)

Für die Sauce

- 3-4 EL Sojasauce
- 1 EL Agavendicksaft
- 1 EL Reisessig

Für das Topping

- 1 Prise Chiliflocken (optional)
- 1-2 EL weiße Sesamkörner
- 1 Handvoll frische Kräuter, fein geschnitten (z. B. Petersilie, Koriander)

1 Die Eier salzen und im Öl anbraten. Dann einmal wenden. Das Omelett mit einem Spatel klein hacken.

2 Nun das Gemüse, den Knoblauch, die Frühlingszwiebeln und den Reis hinzufügen und alles 5 Minuten braten. Dann wenden und weitere 5 Minuten braten.

3 Alle Zutaten für die Sauce vermengen und diese kurz vor dem Servieren über den Reis geben, dann mit den gewünschten Toppings bestreuen.

4 PORTIONEN 25 MINUTEN VEGAN

Für dieses Feierabendrezept kannst du wunderbar Gemüsereste verwerten, die du zu Hause hast. So kannst du das Gericht nach Gusto variieren und gleichzeitig Foodwaste den Kampf ansagen.

ORZO-ONE-POT

- 175 g Sonnenblumenhack (oder feines Sojagranulat, Trockenprodukt)
- 1 Zwiebel, gehackt
- 2 Knoblauchzehen, gepresst
- 2 EL Olivenöl
- 150 g Karotten, klein gewürfelt
- 300 g Zucchini, klein gewürfelt
- 380 g Reisnudeln (Orzo, Kritharaki oder Risoni)
- 400 g stückige Tomaten
- 300 ml passierte Tomaten
- 2 TL Salz
- 1 TL getrockneter Oregano
- 1 TL getrocknetes Basilikum
- 1 TL Paprikapulver
- 1 Prise frisch gemahlener schwarzer Pfeffer
- einige Blätter frisches Basilikum, fein geschnitten (optional)

1 Das Sonnenblumenhack bzw. Sojagranulat nach Packungsanweisung vorbereiten.

2 Die Zwiebel und den Knoblauch im Öl anbraten, dann die Karotten und die Zucchini hinzugeben.

3 Das Sonnenblumenhack jetzt hinzugeben.

4 Nun die Reisnudeln, die stückigen und passierten Tomaten, 600 ml Wasser und die Gewürze zufügen.

5 Alles etwa 15 Minuten köcheln lassen. Gelegentlich umrühren und bei Bedarf etwas Wasser hinzufügen.

6 Mit frischem Basilikum bestreut servieren.

Fleischvariante: Alternativ 300 g Rinderhack verwenden und bevor die Reisnudeln zugefügt werden, krümelig braten.

2 PORTIONEN 20 MINUTEN VEGETARISCH

Ich habe mich bei diesem Gericht inspirieren lassen und das Original leicht abgewandelt. Es ist also kein traditionelles Rezept, dafür lässt es sich kinderleicht mit einfachen Zutaten nachkochen.

KOREANISCHE PFANNKUCHEN

- 5 Frühlingszwiebeln, feine Streifen (plus optional mehr für das Topping)
- 100 g Karotte, feine Streifen
- 150 g Weißkohl, feine Streifen
- 200 g Zucchini, feine Streifen
- 2 EL Pflanzenöl (plus etwas mehr zum Braten des Pfannkuchens)

Für den Teig
- 3 Eier (Größe M), verquirlt
- 120 g Dinkelmehl (Type 630)
- 2 TL Salz
- 100 ml Reisdrink

Für die Sauce
- 2 EL Ahornsirup
- 4 EL Sojasauce
- 2 EL Reisessig (alternativ Weißweinessig)

Für das Topping
- 1-2 EL Sesamsamen
- Chiliflocken (optional)
- ½ rote Zwiebel, Streifen (optional)

1 Das Gemüse kurz im Öl anbraten.

2 Alle Zutaten für den Teig gut miteinander vermengen und das Gemüse hinzufügen.

3 Die Pfanne mit einem Küchenpapier auswischen und noch etwas Öl hinzufügen. Gewünschte Menge von der Teig-Gemüse-Mischung in der Pfanne verteilen und bei mittlerer Temperatur etwa 5 Minuten pro Seite anbraten (entweder sechs kleine oder zwei große Pfannkuchen).

4 Nach Belieben Toppings darübergeben.

5 Alle Zutaten für die Sauce vermengen und zum Stippen zu den Pfannkuchen reichen.

TIPP

Toppings oder »Beläge«?! Etwas, womit man sein Essen noch abwechslungsreicher und bunter gestalten kann? Nüsse, Kresse, Kräuter, geröstetes Brot oder Gemüse runden ein gutes Basisrezept ab und verleihen ihm das gewisse »Etwas«.

2 PORTIONEN 20 MINUTEN MIT FLEISCH

Ein einfaches und schnelles Rezept für die ganze Familie, hier mit etwas Schinken. Für eine vegetarische Variante nimmst du einfach Räuchertofu. Ich selber verwende außerdem gerne Hafersahne.

BROKKOLI-PASTA

- 160–200 g Nudeln
- 1 Zwiebel, fein gehackt
- 1 EL neutrales Pflanzenöl
- 40 g magerer Schinken, feine Streifen
- 100 g flüssige Sahne
- 1 TL Salz
- 1 Prise frisch gemahlener schwarzer Pfeffer
- 1 Prise geriebene Muskatnuss
- Abrieb von ½ unbehandelten Zitrone (optional)
- 250 g Brokkoli, kleine Röschen

1 Die Nudeln in Salzwasser al dente kochen. Vor dem Abgießen etwa 50 ml Kochwasser abschöpfen und beiseitestellen.

2 Die Zwiebel im Öl glasig dünsten und den Schinken hinzufügen.

3 Alles mit der Sahne und dem Nudelwasser ablöschen und kräftig mit Salz, Pfeffer, Muskat und dem Zitronenabrieb abschmecken.

4 Nachdem alles einmal aufgekocht ist, den Brokkoli hinzufügen und 5–7 Minuten mitgaren.

5 Die fertige Pasta mit der Sauce vermengen.

Vegane Alternative: Ersetze die Sahne durch eine pflanzliche Alternative (Soja- oder Hafersahne) und verwende fein gewürfelten Räuchertofu statt Schinken.

2 PORTIONEN 20 MINUTEN VEGETARISCH

Die knusprigen Mandelblättchen verleihen diesem Gericht einen herrlichen Crunch. Du kannst frischen Spinat oder TK-Spinat verwenden. Achte aber darauf, Blattspinat und nicht Rahmspinat zu nehmen.

BLITZ-SPINATNUDELN

- 200 g Spaghetti
- 1 kleine Zwiebel, gehackt
- 2 EL Olivenöl
- 1 Knoblauchzehe, gepresst
- 300 g Blattspinat (frisch oder TK, angetaut)
- ¼ TL Salz
- 1 Prise frisch gemahlener schwarzer Pfeffer
- 1 Prise geriebene Muskatnuss
- 100 g Schmand
- 20 g geriebener Parmesan
- 40 g Mandelblättchen, geröstet
- 2 EL gehackte Petersilie (optional)

1. Die Spaghetti in Salzwasser al dente kochen. Vor dem Abgießen eine Kelle Kochwasser abschöpfen und beiseitestellen.
2. Die Zwiebel im Öl glasig anschwitzen und den Knoblauch hinzufügen.
3. Nun den Spinat hinzugeben und alles unter Rühren 3 Minuten braten.
4. Mit Salz, Pfeffer und geriebener Muskatnuss würzen und den Schmand und das abgeschöpfte Nudelwasser hinzufügen.
5. Nun die fertigen Spaghetti darunterheben und alles kurz aufkochen lassen (etwa 1 Minute).
6. Mit frisch geriebenem Parmesan und den Mandelblättchen bestreut servieren. Nach Belieben mit frischer Petersilie garnieren.

Das Kochwasser der Nudeln enthält Stärke und bindet die Sauce deswegen sehr gut.

2 PORTIONEN 20 MINUTEN MIT FLEISCH

Der Clou an diesem Rezept ist die köstliche Sesamsauce.
Dazu passt duftender Jasminreis oder knackiges Brokkoligemüse.

ASIA-HACKBÄLLCHEN

Für die Hackbällchen

- 400 g Rinderhackfleisch (am besten Bioqualität)
- 2 Knoblauchzehen, gepresst
- ½ TL Salz
- 2 TL neutrales Pflanzenöl

Für die Sauce

- 4 EL Sojasauce
- 1 EL Reisessig (alternativ Weißweinessig)
- 3 TL Agavendicksaft
- 1 Knoblauchzehe, gepresst
- 2 TL Stärke
- 1 Prise Chiliflocken

Für das Topping

- 2 EL weiße Sesamkörner (alternativ einige Tropfen Sesamöl)
- 1 Frühlingszwiebel, feine Ringe
- einige Stängel Koriander, fein geschnitten (optional)

1 Alle Zutaten für die Hackbällchen miteinander vermengen und aus der Masse kleine Kugeln formen.

2 Diese in einer beschichteten Pfanne in etwa 6 Minuten gar braten.

3 Parallel dazu alle Zutaten für die Sauce mit 5 EL Wasser verrühren. Die Mischung zum Kochen bringen und dann bei reduzierter Temperatur etwa 3 Minuten köcheln lassen.

4 Die fertigen Hackbällchen mit der Sauce übergießen. Mit den gewünschten Toppings bestreut servieren.

ONE-POT-EINTÖPFE UND -SUPPEN

ONE-POT-GERICHTE

✱ **Die gekennzeichneten Gerichte mit Fleisch gibt es auch in einer vegetarischen Variante, markierte vegetarische Gerichte auch in einer veganen.**

Hackbällchentopf

Mit Fleisch | S. 152

One-Pot-Pasta

Vegetarisch | S. 156

Tortellini-Suppe

Mit Fleisch | S. 158

3 PORTIONEN | 30 MINUTEN | VEGAN

Dieses schnelle vegane Rezept ist perfekt für den Familientisch, denn die Chiliflocken kommen erst zum Schluss auf jede Portion, so können Kinder problemlos mitessen. Als Topping habe ich feine Tortilla-Streifen angebraten.

SÜSSKARTOFFEL-CHILI

- 1 Zwiebel, fein gewürfelt
- 2 EL Pflanzenöl
- 250 g Süßkartoffel, klein gewürfelt
- 400 g stückige Tomaten aus der Dose
- 2 TL Salz
- 1 TL Paprikapulver
- ½ TL Agavendicksaft
- 1 Prise Chilipulver
- 285 g Mais aus der Dose (Abtropfgewicht)
- 255 g Kidneybohnen aus der Dose (Abtropfgewicht)
- 2 Weizentortillas, feine Streifen, angebraten in etwas Öl

Für das Topping (nach dem Garen)

- 1 Prise Chiliflocken
- 1 EL schwarze Sesamsamen
- 1 Limette, geviertelt
- 1–2 EL geschnittene frische Kräuter (z.B. Koriander, Minze, Petersilie)

1. Die Zwiebel im Öl glasig anschwitzen.
2. Die Süßkartoffelwürfel hinzufügen und kurz mitbraten.
3. Mit den gehackten Tomaten und 400 ml Wasser ablöschen und mit Salz, Paprikapulver, dem Agavendicksaft und dem Chilipulver würzen.
4. Alles einmal aufkochen lassen und dann auf mittlerer Stufe (7/9) 15 Minuten köcheln lassen.
5. Den Mais und die Kidneybohnen hinzufügen und das Chili weitere 5 Minuten ziehen lassen.
6. Das Gericht mit den gewünschten Toppings servieren.

Je kleiner du die Süßkartoffeln würfelst, desto schneller garen sie.

2 PORTIONEN 20 MINUTEN VEGETARISCH

Ein superleckeres Blitzrezept, das viele tolle Zutaten enthält und einfach mal etwas Abwechslung auf deinen Feierabendtisch bringt.

WÄRMENDER BOHNENEINTOPF

- 40 g Stangensellerie, sehr fein geschnitten
- 150 g Karotten, sehr fein gewürfelt
- 100 g Lauch, feine Ringe
- 1 EL Rapsöl
- 100 g flüssige Sahne
- 1 TL Salz
- 1 Prise frisch gemahlener schwarzer Pfeffer
- 1 Lorbeerblatt
- 1 Zweig frischer Thymian (optional)
- 570 g weiße Bohnen aus der Dose (Abtropfgewicht)
- 50 g frischer Blattspinat, fein geschnitten
- 1 Zitrone, geviertelt
- 4–6 Scheiben Baguette

1 Den Stangensellerie, die Karotten und den Lauch im Öl 2 Minuten anbraten.

2 Mit der Sahne und 700 ml Wasser ablöschen. Mit Salz, Pfeffer, dem Lorbeerblatt und dem Thymian würzen und alles 10 Minuten auf mittlerer Stufe köcheln lassen.

3 Die weißen Bohnen und den Spinat hinzufügen und weitere 5 Minuten köcheln lassen.

4 Den Eintopf mit einigen Scheiben frischem Baguette und der Zitrone zum Abschmecken servieren.

Vegan wird das Gericht, wenn du die Sahne 1:1 durch eine pflanzliche Alternative ersetzt.

2 PORTIONEN | 25 MINUTEN | MIT FLEISCH

Lasagnesuppe, Tomatensuppe, Nudeln mit Tomatensauce …
Nennt es, wie ihr wollt, dieses Gericht ist megalecker! Und das Beste daran:
Die meisten Zutaten hat man eh fast immer vorrätig.

LASAGNESUPPE

Für die Lasgagnesuppe

- 200 g Rinderhackfleisch (am besten Bioqualität)
- 1 EL Olivenöl
- 2 Karotten, sehr klein gewürfelt
- 1 Zwiebel, klein gewürfelt
- 1 Knoblauchzehe, gepresst
- 1 TL Agavendicksaft (alternativ Zucker)
- 1 ½ TL Salz
- 1 Prise frisch gemahlener schwarzer Pfeffer
- 1 TL getrockneter Oregano
- 1 TL getrocknetes Basilikum
- 300 ml passierte Tomaten
- 7 Lasagneplatten

Für das Topping

- 1–2 EL Schmand
- einige Blätter frisches Basilikum
- geriebener Parmesan

1 Das Hackfleisch im Öl anbraten, die Karotten, die Zwiebel und den Knoblauch dazugeben.

2 Mit dem Agavendicksaft, dem Salz, dem Pfeffer, dem Oregano und dem Basilikum würzen und mit 600 ml Wasser und den passierten Tomaten ablöschen.

3 Die Lasagneplatten grob zerkleinern, hinzugeben und die Suppe einmal aufkochen lassen.

4 Die Temperatur reduzieren, immer wieder vorsichtig umrühren und auf mittlerer Stufe etwa 15–20 Minuten köcheln lassen.

5 Mit dem Schmand, frischem Basilikum und Parmesan servieren.

Vegetarische Alternative: Ersetze das Hackfleisch 1:1 durch ein vergleichbares vegetarisches Produkt.

2 PORTIONEN | 20 MINUTEN | VEGAN

Ich versuche immer wieder, bekannte Klassiker in vereinfachten Varianten auszuprobieren. Damit ihr sie ohne viele verrückte Zutaten nachkochen könnt …

»LIKE« RAMEN

- 125 g Mie-Nudeln (oder Ramen-Nudeln)
- 220 g Pak Choi, Streifen
- 220 g rote Paprika, Streifen
- 2 Knoblauchzehen, feine Scheiben
- 1 kleines Stück Ingwer, fein geschnitten
- 2 EL Pflanzenöl

Für die Sauce

- 2 EL Erdnussmus
- 2 EL Tahini
- 2 EL Agavendicksaft
- 4 EL Sojasauce
- 1 TL Salz
- 1 TL Instant-Gemüsebrühe-Pulver
- 2 EL Reisessig (alternativ weißer Balsamico oder Weißweinessig)

Für das Topping (nach dem Garen)

- frischer Koriander (optional)
- 3 Frühlingszwiebeln, feine Ringe
- 1 EL schwarze Sesamsamen
- 2 EL Limettensaft

1 Die Mie-Nudeln mit kochendem Wasser übergießen und 5 Minuten ziehen lassen.

2 Den hellen, festen Teil des Pak Choi, die Paprika, den Knoblauch und den Ingwer im Öl anbraten.

3 Alle Zutaten für die Sauce gut miteinander vermengen.

4 Die Sauce und 600 ml Wasser zum Gemüse geben und 5 Minuten köcheln lassen.

5 Nun die weichen Mie-Nudeln und das Grüne des Pak Choi hinzufügen. Weitere 3 Minuten köcheln lassen.

6 Kurz vor dem Servieren mit den gewünschten Toppings bestreuen und mit Limettensaft abschmecken.

Du kannst Tahini und Erdnussmus jederzeit durch ein Nussmus deiner Wahl ersetzen. Oder verwende Sesamöl, das verleiht dem Gericht ein himmlisches Aroma.

2 PORTIONEN 25 MINUTEN MIT FLEISCH

Sehr köstlich und supersimpel. Dazu passt frisches Baguette.

DEFTIGER BAUERNTOPF

- 200 g Rinderhackfleisch (am besten Bioqualität)
- 2 EL Olivenöl
- 1 Zwiebel, gehackt
- 2 Knoblauchzehen, gepresst
- 1 rote Paprika, klein gewürfelt
- 1 gelbe Paprika, klein gewürfelt
- 400 g stückige Tomaten aus der Dose
- 1 TL Salz
- 1 Prise frisch gemahlener schwarzer Pfeffer
- 1 TL getrockneter Oregano
- 180 g Nudeln

Für das Topping (nach dem Garen)

- frisches Basilikum, gehackt
- 50 g Pinienkerne, geröstet (optional)
- 1–2 EL geriebener Parmesan (optional)

1 Das Hackfleisch im Öl scharf anbraten. Nach 2 Minuten die Zwiebel und den Knoblauch hinzufügen. Weitere 3 Minuten braten.

2 Nun die Paprika zugeben und ebenfalls kurz mitbraten. Mit den gehackten Tomaten und 200 ml Wasser ablöschen.

3 Mit Salz, Pfeffer und Oregano würzen und 10 Minuten köcheln lassen.

4 Parallel Wasser mit etwas Salz zum Kochen bringen und die Nudeln darin al dente kochen.

5 Die abgegossene Pasta zur Sauce geben und noch einmal abschmecken. Kurz vor dem Servieren mit den gewünschten Toppings bestreuen.

Vegetarische Alternative: Ersetze das Hackfleisch 1:1 durch ein vergleichbares vegetarisches Produkt.

2 PORTIONEN 20 MINUTEN VEGETARISCH

Dieses wärmende Gericht ist supereinfach zubereitet – und bestens geeignet für alle, die viel Sauce lieben.

CREMIGER GNOCCHI-EINTOPF

- 1 Zwiebel, fein gehackt
- 2–3 EL Olivenöl
- 400 g Gnocchi (Kühlregal)
- 1 Knoblauchzehe, gepresst
- 400 g frische Champignons, je nach Größe geviertelt oder halbiert
- 100 g frischer Spinat, klein geschnitten
- 100 g flüssige Sahne
- 400 ml Gemüsebrühe
- 1 TL Maisstärke (optional)
- 1 TL frisch gemahlener schwarzer Pfeffer
- 1 Prise gemahlene Muskatnuss

Für das Topping
- einige Zweige frischer Thymian (optional)
- 2 EL geschnittene Petersilie (optional)
- 2 EL geriebener Parmesan (optional)

1 Erst die Zwiebel im Öl glasig anschwitzen, dann die Gnocchi hinzufügen und goldbraun anbraten.

2 Den Knoblauch, die Champignons und den Spinat hinzugeben und kurz mitbraten.

3 Nun die Sahne, die Brühe und die Gewürze hinzugeben und alles einmal aufwallen lassen.

4 Bei mittlerer Temperatur etwa 8 Minuten köcheln lassen. Noch einmal abschmecken und mit den gewünschten Toppings bestreut servieren.

2 PORTIONEN 20 MINUTEN MIT FLEISCH

Dieses unheimlich cremige und köstliche Gericht ist in unserer Familie ein absolutes Lieblingsessen. Und jedes Mal, wenn ich es gemacht habe, fragen mich alle, wann ich es wieder koche.

HACKBÄLLCHENTOPF

Für die Hackbällchen

- 200 g Rinderhackfleisch (am besten Bioqualität)
- 10 g Paniermehl
- ½ TL Salz (plus etwas mehr für die Sauce)
- ½ TL Paprikapulver
- 1 Prise frisch gemahlener schwarzer Pfeffer (plus etwas mehr für die Sauce)

Außerdem

- 100 g flüssige Sahne
- 1 EL Rapsöl
- 200 g Nudeln (Garzeit 6 Minuten)
- 200 g gelbe Zucchini, Scheiben
- 2 EL geschnittene frische Petersilie

1 Alle Zutaten für die Hackbällchen vermengen und aus der Masse walnussgroße Kugeln formen.

2 Die Sahne mit 380 ml Wasser vermengen und mit reichlich Salz und etwas Pfeffer würzen. Die Sahnesauce zunächst beiseitestellen.

3 Die Hackbällchen von allen Seiten im Öl anbraten.

4 Die Nudeln, die Zucchini und die Sahnesauce hinzufügen. Alles einmal aufwallen lassen und dann bei mittlerer Temperatur offen etwa 6–8 Minuten garen. Gelegentlich umrühren, sonst klebt die Pasta fest.

5 Mit frischer Petersilie bestreut servieren.

Haben deine Nudeln eine längere Garzeit, müssen sie natürlich entsprechend länger kochen. Dann musst du eventuell noch etwas Wasser (ca. 50 ml) hinzufügen. Bei One-Pot-Nudelgerichten ist die benötigte Garzeit oft 1–2 Minuten länger als auf der Packung angegeben.

4 PORTIONEN 25 MINUTEN VEGETARISCH

Was ich an One-Pot-Gerichten am meisten zu schätzen weiß?
Klar ... den wenigen Abwasch!

ONE-POT-PASTA

- 500 g Zucchini, kleine Stücke
- 250 g Champignons, Scheiben
- 1 kleine Zwiebel, fein gehackt
- 2 EL Olivenöl
- 330 g Nudeln
- 200 g flüssige Sahne
- 1 TL Instant-Gemüse-brühe-Pulver
- 1 TL Salz
- 1 Prise frisch gemahlener schwarzer Pfeffer
- 1 Prise geriebene Muskatnuss
- 1–2 EL geschnittene frische Petersilie

1 Die Zucchini, die Champignons und die Zwiebel im Öl anbraten.

2 Die Nudeln hinzugeben.

3 Die Sahne mit 400 ml Wasser verrühren. Mit der Brühe, dem Salz, dem Pfeffer und der Muskatnuss würzen und darübergießen.

4 Alles einmal aufwallen lassen und dann ohne Deckel bei niedriger Temperatur (Stufe 5/9) etwa 6–8 Minuten köcheln lassen.

5 Mit frischer Petersilie bestreut servieren.

Vegane Alternative: Verwende pflanzliche Sahne. Diese ersetzt du 1:1.

Verwende Nudeln mit möglichst kurzer Garzeit, sonst verkocht das Gemüse.

2 PORTIONEN | 20 MINUTEN | VEGETARISCH

Diesen Suppentopf liebt bei uns die ganze Familie! Und er ist eine schöne Alternative zu der klassischen Zubereitung der gefüllten Nudelringe.

TORTELLINI-SUPPE

- 1 kleine rote Zwiebel, gehackt
- 1 EL Olivenöl
- 130 g rote Paprika, fein gewürfelt
- ½ TL Zucker
- 1 TL Salz
- 1 Prise frisch gemahlener schwarzer Pfeffer
- ½ TL Paprikapulver
- 1 TL getrockneter Majoran
- 1 EL Maisstärke
- 200 g stückige Tomaten aus der Dose
- 100 g flüssige Sahne
- 250 g frische Tortellini mit Ricotta-Füllung

Für das Topping (nach dem Garen)

- einige Blätter frisches Basilikum
- 1–2 EL geschnittene frische Petersilie
- 1 Prise Chiliflocken

1 Die Zwiebel im Öl glasig anschwitzen, dann die Paprika sowie den Zucker, das Salz, den Pfeffer, das Paprikapulver und den Majoran hinzufügen. Alles etwa 1 Minute anbraten.

2 In der Zwischenzeit 400 ml kaltes Wasser und die Stärke miteinander verrühren, bis keine Klümpchen mehr zu sehen sind.

3 Die aufgelöste Stärke zusammen mit den Tomaten und der Sahne unter Rühren zur Zwiebel-Mischung geben und aufkochen lassen.

4 Nun die Tortellini hinzufügen und bei mittlerer Temperatur in etwa 7 Minuten gar kochen.

5 Die fertige Suppe nach Belieben mit frischen Kräutern und Chiliflocken bestreut servieren.

Vegane Variante: Ersetze die Sahne 1:1 durch eine pflanzliche Alternative und wähle Tortellini mit reiner Gemüsefüllung.

Wenn du dieses Gericht fürs Meal Prep nutzen möchtest, dann füge die gekochten Tortellini erst kurz vor dem Verzehr hinzu.

SALATE

SALATE

Mediterraner Couscous-Salat

Vegan | S. 164

Rotkohl-Couscous-Salat

Vegan | S. 166

Kartoffelsalat

Vegan | S. 168

Glasnudelsalat

Vegetarisch | S. 170

Grüner Nudelsalat

Vegan | S. 174

Coleslaw

Vegetarisch | S. 176

Reisnudelsalat

Vegetarisch | S. 178

Halloumi-Salat

Vegetarisch | S. 180

Antipasti-Salat

Vegan | S. 182

Bunter Kohlsalat

Vegan | S. 184

Das gekennzeichnete Gericht gibt es auch in einer veganen Variante.

2 PORTIONEN | 15 MINUTEN | VEGAN

Dieser Salat ist eine perfekte Kombination und wird von allen gern gegessen. Wenn du ihn als Meal Prep mitnehmen möchtest, solltest du die Tomaten erst kurz vor dem Verzehr hinzufügen.

MEDITERRANER COUSCOUS-SALAT

- 150 g Couscous
- 200–250 ml Gemüsebrühe, kochend heiß
- 200 g Cherrytomaten, geviertelt
- 80 g Rucola, geschnitten
- 8 getrocknete Tomaten, feine Streifen
- 50 g Walnusskerne, geröstet
- 2 EL fein gehackte Petersilie
- 1 TL getrocknete Minze (optional)
- 2 EL Olivenöl
- 1 EL Zitronensaft

1 Den Couscous mit der kochenden Brühe übergießen und abgedeckt 10 Minuten quellen lassen. (Lieber erst etwas weniger Wasser nehmen und bei Bedarf nachträglich noch etwas hinzufügen.)

2 Nun alle übrigen Zutaten und Gewürze miteinander vermengen und den Couscous vorsichtig unterheben. Bei Bedarf nachwürzen.

Toll passt dazu Granatapfelsirup, den du zum Schluss darüberträufelst.

2 PORTIONEN | 20 MINUTEN | VEGAN

Ein raffiniertes Zusammentreffen ungewöhnlicher Zutaten, die aber perfekt harmonieren. Ich persönlich habe eine ganz große Vorliebe für Rotkohl.

ROTKOHL-COUSCOUS-SALAT

Für den Salat
- 150 g Couscous
- ½ TL Salz
- 200 g Rotkohl, sehr feine Streifen
- 50 g Cranberrys
- 50 g Pekannusskerne, leicht geröstet
- 2 TL frische gehackte Minze (optional)

Für das Dressing
- 2 EL Olivenöl
- 2 EL Orangensaft
- 1 EL Apfelessig
- 1 Prise frisch gemahlener schwarzer Pfeffer

1 Den Couscous mit 200–250 ml kochendem Wasser übergießen und abgedeckt 10 Minuten quellen lassen. (Lieber erst etwas weniger Wasser nehmen und bei Bedarf nachträglich noch etwas hinzufügen.)

2 Den fein geschnittenen Rotkohl für kurze Zeit mit den Händen kneten (das macht ihn weicher und bekömmlicher).

3 Alle Zutaten für das Dressing gut miteinander vermengen.

4 Nun die Salatzutaten mit dem Dressing vermischen und den Salat 10 Minuten durchziehen lassen.

Nach dem Durchziehen solltest du den Salat noch einmal abschmecken.

2 PORTIONEN 25 MINUTEN VEGAN

Wir lieben Kartoffelsalat, am liebsten die Variante mit Essigdressing, sie ist leichter und bekömmlicher als die mit schwerer Mayonnaise. Die knackig scharfen Radieschen verleihen dem Salatklassiker einen extra Frischekick.

KARTOFFELSALAT

- 600 g festkochende Kartoffeln
- 1 weiße Zwiebel, fein gehackt
- 2 EL Rapsöl
- 100 ml Gemüsebrühe

Für das Dressing

- 1 EL mittelscharfer Senf
- 1 TL Agavendicksaft
- 1 Prise frisch gemahlener schwarzer Pfeffer
- 2 EL Apfelessig

Außerdem

- 3 Frühlingszwiebeln, feine Ringe
- 2 EL gehackte Petersilie
- 10 Blätter frische Minze, gehackt (optional)
- 10 Radieschen, feine Scheiben

1 Die Kartoffeln in der Schale gar kochen. Anschließend möglichst warm pellen und in nicht zu dünne Scheiben schneiden.

2 Die Zwiebel im Öl glasig anschwitzen und mit der Gemüsebrühe ablöschen.

3 Nun alle Zutaten für das Dressing mit der Zwiebelbrühe vermengen und das Ganze über die noch warmen Kartoffelscheiben gießen.

4 Den Salat mindestens 30 Minuten durchziehen lassen.

5 Vor dem Servieren die übrigen Zutaten hinzufügen und vorsichtig unter die Kartoffeln heben.

2 PORTIONEN 20 MINUTEN VEGETARISCH

Dieser frische und knackige Asiasalat ist eher zufällig entstanden. Ich wollte eigentlich Sommerrollen machen, hatte aber kein Reispapier mehr. Zum Glück, denn er ist unglaublich köstlich …

GLASNUDELSALAT

- 100 g Glasnudeln
- 100 g Eisbergsalat, feine Streifen
- 40 g Rucola, fein geschnitten
- 150 g Gurke, dünne Scheiben
- 4 Frühlingszwiebeln, feine Ringe
- 10 Blätter frische Minze, feine Streifen

Für das Omelett

- 4 Eier (Größe M), verquirlt
- je 1 TL schwarze und weiße Sesamsamen
- 1 Prise Salz
- 2 EL Pflanzenöl zum Braten

Für das Dressing

- 2 EL Hoisin-Sauce
- 4 EL Sojasauce
- 1 Prise Chiliflocken
- etwas Limettensaft

Für das Topping

- 1 Limette, geviertelt
- schwarze und weiße Sesamsamen

1. Die Glasnudeln nach Anleitung weich garen, kalt abschrecken und mit der Schere zerkleinern.
2. Nun den Salat, den Rucola, die Gurken, die Frühlingszwiebeln und die Minze separat vermengen.
3. Die Zutaten für das Omelett verrühren und in einer beschichteten Pfanne im Öl ausbraten.
4. Das Omelett zusammenrollen und in dünne Streifen schneiden.
5. Alle Zutaten für das Dressing verrühren.
6. Erst kurz vor dem Verzehr die Glasnudeln, den Salat und das Dressing vermengen und die Omelettstreifen darauf anrichten.
7. Mit Sesam bestreut und mit Limette zum Abschmecken servieren.

Vegane Variante: Ersetze das Omelett durch knusprig gebratene Tempeh- oder Tofustreifen.

TIPP

Zeiten, in denen Salat aus Gurken, Tomaten und einem Eisbergsalat bestand, sind vorbei. Besonders liebe ich die Kombination aus warmen und kalten Zutaten.

2 PORTIONEN 20 MINUTEN VEGAN

Dieser abgewandelte Salatklassiker schmeckt auch sehr lecker mit Kichererbsenpasta – für die Extraportion gesunde pflanzliche Proteine.

GRÜNER NUDELSALAT

- 160 g Nudeln

Für das Dressing
- 2 EL Olivenöl
- 2 EL Zitronensaft
- je 1 Prise Salz und frisch gemahlener schwarzer Pfeffer
- 240 g Kichererbsen aus der Dose (Abtropfgewicht)
- 50 g Rucola, fein geschnitten
- 2 Frühlingszwiebeln, feine Ringe
- ½ Avocado, Scheiben

Für das Topping
- 4 EL gehackte Petersilie
- einige Blätter frische Minze, gehackt
- 1 EL schwarze Sesamkörner
- 2 EL gehackte Mandelkerne, geröstet

1 Die Nudeln nach Packungsanweisung al dente kochen.

2 Alle Zutaten für das Dressing verrühren.

3 Die noch warmen Nudeln mit dem Dressing vermischen und etwas abkühlen lassen.

4 Nun alle übrigen Zutaten hinzufügen und den Salat mit den Toppings bestreut servieren.

6 PORTIONEN 20 MINUTEN VEGETARISCH

Eine amerikanisch inspirierte Variante des Klassikers Krautsalat in einer etwas leichteren Version. Schmeckt klasse als Grillbeilage. Am besten bereitest du den Coleslaw am Vortag zu, damit er gut durchziehen kann.

COLESLAW

Für den Salat

- 1 kg Weißkohl oder Spitzkohl, sehr feine Streifen
- 2 Karotten, fein gehobelt
- 1 Zwiebel, sehr fein gehackt
- 2 ½ TL Salz

Für das Dressing

- 150 g Naturjoghurt
- 70 g Schmand
- 1 TL mittelscharfer Senf (optional)
- 1 Prise frisch gemahlener schwarzer Pfeffer
- 2 TL Agavendicksaft
- 2 TL Weißweinessig

Für das Topping

- einige Stängel frische Petersilie, geschnitten

1. Den Weißkohl, die Karotten und die Zwiebel mit dem Salz vermengen und alles einige Minuten kräftig durchkneten.
2. Alle Zutaten für das Dressing verrühren.
3. Nun das Gemüse mit dem Dressing vermengen und den Salat mindestens 1 Stunde kalt stellen.
4. Nach Belieben mit frischer Petersilie bestreut servieren.

Nachdem der Coleslaw durchgezogen ist, solltest du ihn noch einmal abschmecken.

2 PORTIONEN 20 MINUTEN VEGETARISCH

Passt wunderbar an lauen Sommerabenden oder als frischer Mittagssnack. Wenn du den Salat als Meal Prep mit zur Arbeit nehmen möchtest, füge die Avocado und den Feta erst kurz vor dem Verzehr hinzu.

REISNUDELSALAT

- 150 g Kritharaki (alternativ Orzo oder Risoni)
- 2 TL Olivenöl
- 2 TL rotes Pesto
- je 1 Prise Salz und frisch gemahlener schwarzer Pfeffer
- 1 Spritzer frischer Zitronensaft
- 150 g Cherrytomaten, geviertelt
- 1 Avocado, Scheiben
- 10 Blätter frisches Basilikum, fein geschnitten
- 40 g Walnusskerne, geröstet und gehackt (optional)

Für das Topping

- je 1 EL weiße und schwarze Sesamsamen
- 50 g Fetakäse, zerkrümelt

1 Die Nudeln nach Packungsanweisung gar kochen und abgießen.

2 Das Öl und das Pesto mit den Nudeln vermengen. Den Salat mit Salz, Pfeffer und dem Zitronensaft abschmecken.

3 Die Tomaten, die Avocado, das Basilikum und die Walnusskerne untermengen.

4 Den Salat noch lauwarm mit den Toppings bestreut genießen.

2 PORTIONEN 20 MINUTEN VEGETARISCH

Dieser knackige Salat wird mit einem leckeren Honig-Senf-Dressing angemacht und mit Wallnusskernen für den extra Crunch verfeinert. Halloumi ist ein Grillkäse, den man gut braten oder eben grillen kann.

HALLOUMI-SALAT

Für das Dressing

- 2 TL Olivenöl (plus 1 EL zum Braten des Halloumi)
- 1–2 TL Honig (alternativ Agavendicksaft)
- 1–2 TL Apfelessig
- 1 TL mittelscharfer Senf
- je 1 Prise Salz und frisch gemahlener schwarzer Pfeffer

Außerdem

- 120 g Halloumi, mundgerechte Stücke
- 80 g Rucola, mundgerechte Stücke
- 80 g Rotkohl, eine Streifen

Für das Topping

- 60 g Walnusskerne, geröstet
- 1 EL schwarze und weiße Sesamsamen

1 Alle Zutaten für das Dressing gut miteinander verrühren.

2 Den Halloumi von beiden Seiten im Öl goldbraun anbraten.

3 Den Rucola und den Rotkohl mit dem Dressing vermengen.

4 Den warmen Halloumi auf dem Salat anrichten. Die gerösteten Walnusskerne darübergeben und alles mit dem Sesam bestreuen.

2 PORTIONEN 20 MINUTEN VEGAN

Dieser mediterrane Salat ist ein absolutes Muss im Sommer. Ich liebe die Kombination aus warmem Gemüse, knackigem Salat und gerösteten Pinienkernen. Frisches Baguette und ein gutes Olivenöl dürfen dazu nicht fehlen.

ANTIPASTI-SALAT

Für das Grillgemüse

- 200 g Zucchini, dünne Scheiben
- 200 g Champignons, geviertelt
- 1 große weiße Zwiebel, feine Ringe

Für das Dressing

- 2 EL Olivenöl
- 1 EL Apfelessig
- 1 TL Agavendicksaft
- ½ TL Salz
- 1 Prise frisch gemahlener schwarzer Pfeffer
- einige Zweige frischer Thymian, Blättchen abgezupft
- einige Blätter frisches Basilikum

Zum Anrichten

- 100 g Blattsalat, mundgerechte Stücke
- 50 g Rucola, geschnitten
- 6 getrocknete Tomaten, feine Streifen
- 1 kleine rote Zwiebel, sehr feine Ringe
- 40 g Pinienkerne, geröstet

1 Die Zucchini, die Champignons und die Zwiebel im vorgeheizten Backofen bei 220 °C (Ober-/Unterhitze) auf mittlerer Schiene 15–20 Minuten rösten.

2 Die Zutaten für das Dressing gut miteinander verrühren.

3 Alle übrigen Zutaten anrichten.

4 Kurz vor dem Servieren das gebackene Gemüse hinzufügen und mit einem kleinen Löffel das Dressing darüberträufeln.

2 PORTIONEN 20 MINUTEN VEGAN

Wie gut, dass Kohl so eine wunderbare Lagerware ist,
so ist man auch in den kalten Wintermonaten durchgängig mit frischem Gemüse versorgt.
Ich esse ihn allerdings zu jeder Jahreszeit sehr gerne.

BUNTER KOHLSALAT

Für das Dressing

- 2 EL Olivenöl
- 1 EL Apfelessig
- 1 TL Agavendicksaft
- ½ TL Salz
- 1 Prise frisch gemahlener schwarzer Pfeffer

Außerdem

- 200 g Weißkohl, sehr feine Streifen
- 200 g Rotkohl, sehr feine Streifen
- 100 g Karotte, sehr feine Streifen
- 4 Frühlingszwiebeln, feine Ringe
- 50 g Haselnusskerne, geröstet

1 Alle Zutaten für das Dressing gut miteinander verrühren.

2 Die Kohlstreifen gut durchkneten.

3 Nun alle Zutaten mit dem Dressing vermischen und ein wenig durchziehen lassen.

Knete den Rotkohl und den Weißkohl am besten separat, da sich sonst alles einfärben könnte. Den Rotkohl aus demselben Grund erst kurz vor dem Servieren hinzufügen.

SAISONKALENDER

Gemüse	Jan.	Febr.	März	Apr.	Mai	Juni	Juli	Aug.	Sept.	Okt.	Nov.	Dez.
Blattspinat				x	x	x	x	x	x	x	x	
Blumenkohl				o	x	x	x	x	x	x	x	
Bohnen						x	x	x	x	x		
Brokkoli					x	x	x	x	x	x	x	
Chinakohl	o	o	o	o	o	x	x	x	x	x	x	o
Erbsen					x	x	x	x	x			
Fenchel					o	x	x	x	x	x	x	
Frühlingszwiebel				o	x	x	x	x	x	x	x	
Grünkohl	x	x							x	x	x	x
Gurken				o	o	x	x	x	x	x	o	
Karotten	o	o	o	o	o	x	x	x	x	x	x	o
Kartoffeln	o	o	o	o	o	x	x	x	x	x	x	o
Knollensellerie	o	o	o	o	o	o	x	x	x	x	x	o
Kohlrabi					x	x	x	x	x	x		
Kürbis	o	o	o						x	x	x	o
Lauch/Porree	o	o	o	x	x	x	x	x	x	x	x	x
Paprika						x	x	x	x	x		
Pastinaken/ Wurzelpetersilie	o	o	o	o				x	x	x	x	o
Radieschen				o	x	x	x	x	x	x	o	
Rettich	o	o	o	o	o	x	x	x	x	x	x	o
Rhabarber			o	x	x	x	x					
Rosenkohl	o	o	o						x	x	x	x
Rote Bete	o	o	o	o	o	x	x	x	x	x	x	o
Rotkohl	o	o	o	o	o	o	x	x	x	x	x	o
Spargel				o	x	x						
Spitzkohl	o	o			o	x	x	x	x	x	x	o
Stangensellerie					o	x	x	x	x	x	x	
Tomaten					o	o	o	o	o	o		
Weißkohl	o	o	o	o	o	o	x	x	x	x	x	o
Wirsing	o	o	o	o	o	o	x	x	x	x	x	o
Zucchini						o	x	x	x	x		
Zuckermais								x	x	x		
Zwiebeln	o	o	o	o	o	o	x	x	x	x	o	o

Obst	Jan.	Febr.	März	Apr.	Mai	Juni	Juli	Aug.	Sept.	Okt.	Nov.	Dez.
Äpfel	o	o	o	o	o			x	x	x	o	o
Aprikosen							x	x				
Birnen	o							x	x	o	o	o
Brombeeren								x	x	x		
Erdbeeren					o	x	x	x	x	o		
Heidelbeeren							x	x				
Himbeeren						o	x	x				
Johannisbeeren						x	x	x				
Kirschen, sauer							x	x				
Kirschen, süß						o	x	x				
Mirabellen							x	x				
Pfirsiche							x	x				
Pflaumen & Zwetschgen								x	x			
Quitten						x	x	x		x	x	
Stachelbeeren							x	x	x			
Tafeltrauben								x	x	x		
Pilze & Nüsse	**Jan.**	**Febr.**	**März**	**Apr.**	**Mai**	**Juni**	**Juli**	**Aug.**	**Sept.**	**Okt.**	**Nov.**	**Dez.**
Champignons	o	o	o	o	o	o	o	o	o	o	o	o
Haselnüsse	x								x	x	x	x
Marone/ Esskastanie	x								x	x	x	x
Pfifferlinge							x	x	x	o		
Steinpilze						x	x	x	x	x	o	
Walnüsse	x								x	x	x	x
Salate	**Jan.**	**Febr.**	**März**	**Apr.**	**Mai**	**Juni**	**Juli**	**Aug.**	**Sept.**	**Okt.**	**Nov.**	**Dez.**
Eissalat					o	x	x	x	x	x		
Endiviensalat					o	x	x	x	x	x	x	
Feldsalat	o	o	o	o	x	x	x	x	x	x	o	o
Kopfsalat, bunte Salate			o	o	o	x	x	x	x	x	o	
Radiccio						x	x	x	x	x	x	
Romanasalate					o	x	x	x	x	x	x	
Rucola/Rauke	o	o	o	o	x	x	x	x	x	x	o	o

x = Freilandprodukte o = geschützter Anbau, Lagerware, Produkte aus ungeheizten oder schwach beheizten Gewächshäusern
(Quelle: verbraucherzentrale.de & tbzfe.de)

REZEPT- UND ZUTATENREGISTER

MPRESSUM

roduktmanagement: Stefanie Gückstock
edaktion: Bettina Spangler
orrektorat: Judith Bingel
ayout: Ina Mielkau
Jmschlaggestaltung: Regina Degenkolbe
epro: LUDWIG:media
lerstellung: Anna Katavic

rinted in Slovakia by Neografia

exte, Rezepte: Jasmin und Kinan Alzeir
otografie: siehe Bildnachweis

Sind Sie mit diesem Titel zufrieden? Dann würden wir uns über Ihre Weiterempfehlung freuen.
Erzählen Sie es im Freundeskreis, berichten Sie Ihrem Buchhändler oder bewerten Sie bei Onlinekauf.
Und wenn Sie Kritik, Korrekturen, Aktualisierungen haben, freuen wir uns über Ihre Nachricht an Christian Verlag, Postfach 40 02 09, D-80702 München oder per E-Mail an lektorat@verlagshaus.de

Jnser komplettes Programm finden Sie unter

www.christian-verlag.de

.lle Angaben dieses Werkes wurden von den .utoren sorgfältig recherchiert und auf den neuesten tand gebracht sowie vom Verlag geprüft. Für die ichtigkeit der Angaben kann jedoch keine Haftung bernommen werden, weshalb die Nutzung auf igene Gefahr erfolgt.
ollte dieses Werk Links auf Webseiten Dritter nthalten, so machen wir uns die Inhalte nicht zu igen und übernehmen für die Inhalte keine laftung.

Bildnachweis: Alle Bilder des Innenteils und auf dem Umschlag stammen von Jasmin und Kinan Alzeir mit Ausnahme von Seite 6, 8, 15, 16, 34/35, 42, 52, 72/73, 80, 92, 102/103, 110, 126, 134, 137, 146/147, 154/155, 160, 172, Cover-Bild links: Jacqueline Nolting.

Die Deutsche Nationalbibliothek verzeichnet diese Publikation in der Deutschen Nationalbibliografie; detaillierte bibliografische Daten sind im Internet über http://dnb.d-nb.de abrufbar.

2. Auflage

Infanteriestraße 11a
80797 München

ISBN 978-3-95961-600-3

Ebenfalls erhältlich ...

ISBN 978-3-95961-133-6

ISBN 978-3-95961-500-6

ISBN 978-3-95961-536-5

ISBN 978-3-95961-601-0

CHRISTIAN
www.christian-verlag.de